Giresse MULUMBA MUNGIER

Mon Ami Rwanda

Giresse MULUMBA MUNGIER

Mon Ami Rwanda

Dictus Publishing

Imprint

Any brand names and product names mentioned in this book are subject to trademark, brand or patent protection and are trademarks or registered trademarks of their respective holders. The use of brand names, product names, common names, trade names, product descriptions etc. even without a particular marking in this work is in no way to be construed to mean that such names may be regarded as unrestricted in respect of trademark and brand protection legislation and could thus be used by anyone.

Cover image: www.ingimage.com

Publisher:
Dictus Publishing
is a trademark of
Dodo Books Indian Ocean Ltd. and OmniScriptum S.R.L publishing group

120 High Road, East Finchley, London, N2 9ED, United Kingdom
Str. Armeneasca 28/1, office 1, Chisinau MD-2012, Republic of Moldova, Europe
Managing Directors: Ieva Konstantinova, Victoria Ursu
info@omniscriptum.com

Printed at: see last page
ISBN: 978-620-2-47925-7

Table des matières

INTRODUCTION

L'histoire qui s'écrit dans ces pages est celle de deux nations qui, à travers l'histoire, ont été liées par la souffrance, la méfiance et le conflit. La République Démocratique du Congo et le Rwanda, voisins géographiques mais séparés par des océans de divergences politiques et historiques, ont vu leurs peuples se déchirer au fil des années. Cependant, comme dans toute histoire marquée par la douleur, il existe un autre récit : celui de l'espoir, de la réconciliation et de l'amitié.

À travers les vies de Kaleba et Nshuti, deux individus issus de contextes opposés mais unis par un destin commun, ce livre nous invite à explorer les racines profondes de ce conflit complexe et à imaginer ce qu'il en coûte de guérir les blessures invisibles de l'histoire. De l'exploitation des terres congolaises aux rivalités politiques qui façonnent les relations entre les deux pays, en passant par les luttes intérieures des personnages qui se battent contre les préjugés et les injustices, chaque page nous plonge dans un univers où les lignes entre le bien et le mal, l'innocence et la culpabilité, sont souvent floues.

Mais ce livre n'est pas seulement un cri de douleur. Il est aussi un appel à l'action, un appel à la réflexion et à l'engagement pour un avenir meilleur. Alors que les anciens démons du passé refont surface et que la vérité des événements éclate, Kaleba et Nshuti, dans leurs différences et leurs choix difficiles, incarnent cette lueur d'espoir qui, même dans l'obscurité, refuse de s'éteindre. Leur chemin vers la réconciliation devient le miroir de ce que peuvent être les relations humaines quand elles sont nourries par la confiance et le désir sincère de réparer les erreurs du passé.

À travers ce roman, nous découvrons que la réconciliation, loin d'être un acte simple ou rapide, est un long chemin semé d'obstacles, mais aussi d'opportunités. Ce livre est un voyage dans les ténèbres de la guerre, mais aussi dans la lumière fragile mais précieuse de la paix qui se construit, pierre par pierre, dialogue après dialogue, par les actions et les rêves de ceux qui osent défier les cicatrices du passé pour bâtir un futur commun.

- Bienvenue dans cette histoire de luttes et de lueurs d'espoir, où l'amitié et la réconciliation prennent racine dans le cœur des peuples et où, enfin, la promesse d'un avenir meilleur peut se réaliser.

CHAPITRE 1 : FRERES D'AFRIQUE

I.1. Introduction : Un passé commun qui unit au-delà des frontières

La République Démocratique du Congo et le Rwanda, malgré leur séparation géographique et politique aujourd'hui, partagent une histoire profondément enracinée dans des liens culturels, historiques et géographiques solides. Ces deux pays, nés sur les bords du lac Tanganyika et séparés par les montagnes et les forêts denses de la région des Grands Lacs, ont longtemps été liés par une même destinée africaine, avant que la politique et l'économie ne viennent distordre ces liens fraternels. Ce chapitre revient sur cette histoire commune, avant que les conflits, les guerres et les enjeux de pouvoir ne déforment l'image d'une fraternité africaine.

I.2. Les racines culturelles et linguistiques partagées

Le Rwanda et la RDC partagent une multitude de traits culturels, notamment à travers les langues parlées. En effet, le kinyarwanda, langue nationale du Rwanda, est une langue bantoue étroitement liée au lingala, une des langues principales parlées en RDC, notamment dans les provinces proches de la frontière rwandaise. Ces deux langues, bien qu'elles ne soient pas exactement identiques, sont issues de racines communes et permettent une communication fluide entre les populations des deux pays.

Les coutumes, les croyances et même certains aspects des modes de vie des habitants des deux pays présentent des similitudes frappantes. Les rites traditionnels, les cérémonies communautaires et les valeurs d'entraide et de solidarité sont des éléments qui unissent encore aujourd'hui les peuples rwandais et congolais. Ces points de convergence culturelle ont, pendant des siècles, renforcé les liens de fraternité entre ces deux nations, qui se percevaient comme des « frères » dans une région d'Afrique centrale marquée par des paysages naturels extraordinaires et une histoire partagée.

I.3. L'histoire avant la colonisation : Un héritage commun

Avant la colonisation, les territoires qui composent aujourd'hui la RDC et le Rwanda faisaient partie d'une même réalité politique et sociale dans la région des Grands Lacs. Les royaumes traditionnels, notamment le royaume du Kongo (dans l'actuelle RDC) et le royaume du Rwanda, étaient des entités puissantes qui interagissaient régulièrement. Les échanges commerciaux, culturels et même dynastiques entre ces royaumes n'étaient pas rares. Les routes commerciales traversaient les forêts et montagnes reliant le Rwanda au Congo, permettant une circulation de biens mais aussi de personnes. Les royaumes avaient une influence réciproque sur les populations riveraines, et les mariages inter-ethniques n'étaient pas inhabituels.

Les peuples des deux nations étaient liés par des échanges linguistiques et par la participation à des réseaux tribaux qui s'étendaient bien au-delà des frontières coloniales, dans un processus de métissage culturel qui allait de pair avec la circulation des idées et des traditions. Ce mélange a permis la création de liens de proximité durable, façonnant une histoire partagée avant que les puissances coloniales ne viennent redéfinir ces frontières.

I.4. L'impact de la colonisation et la division des peuples

La colonisation a cependant changé le paysage social et politique de la région. Le Rwanda, sous le mandat belge, a vu l'édification d'un État ethniquement structuré, avec la promotion des Tutsis comme élite dirigeante, ce qui a créé des tensions sociales et politiques internes. La RDC, colonisée par la Belgique également sous le nom de Congo belge, a connu un processus de gestion différente, mais tout aussi marquée par l'exploitation économique et une gouvernance autoritaire.

Les colonisateurs ont redéfini les frontières et imposé des politiques administratives qui ont fragmenté les peuples, créant des divisions qui n'étaient pas présentes auparavant. Les frontières imposées ne prenaient pas en compte les réalités ethniques et culturelles des peuples de la région des Grands Lacs, une région où les déplacements des populations étaient fréquents en raison des guerres ou des migrations économiques. Cela a jeté les bases de tensions futures, alors que les peuples autrefois unis par des liens profonds se retrouvaient désormais séparés par des lignes tracées au crayon sur des cartes coloniales.

I.5. Les liens historiques pendant les premières années de l'indépendance

Après l'indépendance des deux pays dans les années 1960, bien que les contextes aient été différents, les relations entre le Rwanda et la RDC (qui a pris le nom de Zaïre sous le règne de Mobutu) étaient marquées par une forme de coopération. Les deux pays avaient une compréhension commune des défis de l'après-colonisation. Le Rwanda, tout juste indépendant, et la RDC, alors sous le leadership autoritaire de Mobutu, ont souvent trouvé des terrains d'entente sur les questions politiques et économiques. Les échanges entre les deux nations étaient courants, notamment dans les domaines du commerce, de la culture et même de l'éducation, avec des étudiants rwandais qui étudiaient en RDC et vice versa.

I.6. Les premières fissures : L'influence des tensions régionales et des conflits internes

Cependant, dès les années 1990, les tensions entre les deux pays commencent à se renforcer. Le génocide rwandais de 1994 et les événements qui s'en suivent marquent un tournant dramatique dans les relations entre la RDC et le Rwanda. Le Rwanda, après avoir subi des horreurs inimaginables, se trouve dans une situation de fragilité extrême, et la RDC devient un refuge pour des milliers de réfugiés rwandais. Cette période marque à la fois une aide humanitaire importante mais aussi le début de nouvelles rivalités géopolitiques et de conflits armés qui fragiliseront les liens de fraternité autrefois solides entre les deux pays.

I.7. Conclusion : Une fraternité mise à l'épreuve par la politique et l'économie

Ainsi, ce chapitre montre que la RDC et le Rwanda, bien que séparés aujourd'hui par des conflits et des rivalités politiques, partagent une histoire commune, tissée de liens culturels, sociaux et historiques. Avant que la politique et les enjeux économiques ne prennent le pas sur la fraternité, les deux nations étaient des frères d'Afrique, unis par des valeurs humaines et un héritage partagé. Les divisions actuelles, bien que profondes et douloureuses, ne doivent pas effacer cette histoire commune et ce sens de fraternité qui, bien que mis à l'épreuve, continue de marquer les relations entre les peuples rwandais et congolais. Un jour, cette fraternité pourrait renaître sur des bases plus solides, fondées sur la réconciliation, le respect mutuel et la coopération régionale.

CHAPITRE 2 : KALEBA ET NSHUTI

2.1. Introduction : Une amitié née dans l'adversité

Kaleba et Nshuti sont deux hommes issus de réalités différentes : l'un est Congolais, l'autre est Rwandais. Leur amitié est née dans un contexte où les peuples des deux nations étaient mis à l'épreuve par des crises violentes. Cependant, leur rencontre va bien au-delà des frontières politiques, géographiques et ethniques. Elle symbolise la solidarité et la coopération entre deux individus qui, bien qu'ayant grandi dans des cultures différentes, se retrouvent unis par des valeurs communes d'humanité, de compassion et de soutien mutuel. Dans ce chapitre, nous suivons le parcours de Kaleba et Nshuti, leur rencontre, leurs épreuves communes, et comment leur amitié incarne l'essence des relations fraternelles entre Congolais et Rwandais, même dans les moments de crise.

2.2. Kaleba : L'homme de la forêt, un Congolais de l'Est

Kaleba est un jeune homme né dans la région du Kivu, dans l'Est de la RDC. En grandissant, il a été témoin de l'incroyable beauté de sa terre natale, avec ses montagnes majestueuses, ses forêts denses et ses rivières étincelantes. Mais il a également vu de près les horreurs de la guerre et les souffrances de son peuple, marqué par des conflits incessants. Kaleba fait partie de ces Congolais qui ont appris à vivre avec les défis de la guerre et de l'instabilité. Malgré cela, il est un homme profondément attaché à ses racines culturelles et à son héritage, croyant fermement à l'importance de la solidarité et de l'unité, surtout dans les moments difficiles.

2.3. Nshuti : L'homme de la colline, un Rwandais du pays des mille collines

Nshuti, quant à lui, est un Rwandais originaire des collines verdoyantes du pays des mille collines. Comme beaucoup de Rwandais, son histoire est marquée par les tragédies du génocide de 1994. Nshuti a perdu des membres de sa famille et a vu sa communauté dévastée par la violence. Cependant, il a aussi été témoin du processus difficile mais nécessaire de guérison et de réconciliation de son peuple. En dépit de ces horreurs, Nshuti a toujours cru en la capacité de l'homme à se relever, à s'entraider et à restaurer la paix, même après les pires tragédies.

2.4. Le destin qui les réunit : Une rencontre inattendue

Leurs chemins se croisent lors d'une crise régionale dans l'Est de la RDC, où la guerre civile et les violences interethniques ont poussé de nombreux réfugiés à fuir leurs foyers. La violence et l'instabilité règnent, et les populations civiles des deux côtés de la frontière se retrouvent dans une situation d'urgence humanitaire. Kaleba, en tant que membre d'une organisation locale de soutien aux réfugiés, travaille sans relâche pour fournir de l'aide aux déplacés internes, en particulier ceux venus du Rwanda, fuyant les affrontements et les violences dans leur propre pays. C'est dans ce contexte difficile que Kaleba rencontre Nshuti, un réfugié rwandais qui a trouvé refuge dans un camp de fortune au Congo.

Leurs premières interactions ne sont pas exceptionnelles. Kaleba, animé par le désir d'aider tous ceux dans le besoin, voit en Nshuti un homme traumatisé, comme tant d'autres, qui a fui la guerre et la violence. Mais ce qui démarque Nshuti des autres réfugiés, c'est sa résilience et sa détermination à reconstruire sa vie, même dans un camp où les conditions sont plus que précaires. Kaleba est touché par la force intérieure de Nshuti et l'accueil qu'il réserve aux autres réfugiés, malgré ses propres pertes.

2.5. L'émergence d'une amitié sincère : Un soutien mutuel dans l'épreuve

Au fil du temps, Kaleba et Nshuti commencent à se connaître davantage. Leur amitié se forge dans les moments de crise, dans les discussions autour du feu de camp, dans les efforts pour subvenir aux besoins des réfugiés et dans la solidarité qui unit tous ceux qui ont perdu leur foyer. Kaleba se rend vite compte que Nshuti, bien que Rwandais, partage avec lui les mêmes aspirations : la paix, la dignité humaine et la reconstruction d'un avenir meilleur.

Nshuti, de son côté, admire la résilience et la générosité de Kaleba, qui, malgré les souffrances de son propre peuple, ne fait pas de distinction entre les Congolais et les Rwandais. Pour lui, Kaleba incarne cette Afrique qui résiste, qui se relève et qui se soutient, peu importe les frontières ou les différences culturelles. Ensemble, ils aident les réfugiés, construisent des infrastructures de base, distribuent de la nourriture, et apportent un peu de réconfort dans un monde dévasté.

2.6. Symbolisme de leur amitié : L'unité au-delà des frontières

L'amitié entre Kaleba et Nshuti est un symbole puissant de l'unité qui peut exister entre les peuples de la région des Grands Lacs, malgré les souffrances et les injustices infligées par la guerre. Leur relation montre que les peuples de la RDC et du Rwanda, malgré leurs histoires de conflits, partagent des valeurs communes de solidarité, de fraternité et d'espoir. Kaleba et Nshuti se considèrent comme des frères, non pas en raison de leur nationalité ou de leur ethnie, mais en raison de leur humanité commune. Leur amitié illustre parfaitement ce que les peuples des deux nations peuvent accomplir lorsqu'ils mettent de côté leurs différences et choisissent de s'entraider, même dans les moments les plus sombres.

2.7. Les défis de la réconciliation : Une amitié mise à l'épreuve

Bien sûr, leur amitié n'est pas sans obstacles. Les souvenirs du passé, les cicatrices laissées par les conflits, et la méfiance persistante entre les deux nations rendent leur relation difficile aux yeux de certaines personnes. Kaleba se rend bien compte que la situation géopolitique de la région n'est pas favorable à la réconciliation totale entre les deux pays. Cependant, Nshuti et lui savent qu'ils incarnent une autre voie, celle de la réconciliation véritable, bâtie sur la confiance et l'entraide. Leur amitié devient ainsi un acte de résistance à la haine et à la division, un phare d'espoir dans un océan de désespoir.

2.8. Conclusion : Une fraternité qui transcende les crises

L'histoire de Kaleba et Nshuti est un modèle d'espoir et de coopération dans un monde souvent dominé par la division et la haine. Leur amitié incarne l'idée que, malgré les crises, les peuples peuvent se soutenir et se reconstruire ensemble. Ce chapitre rappelle que, même dans les moments de crise, il existe des ponts d'humanité qui peuvent unir les individus au-delà des frontières politiques, ethniques et culturelles. En fin de compte, Kaleba et Nshuti montrent que la véritable force réside dans la solidarité et l'amour entre les peuples, et que l'amitié peut être une arme puissante contre la guerre et la division.

CHAPITRE 3 : LA GENEROSITE DE LA RDC

3.1. Introduction : Un acte d'humanité au cœur de l'adversité

La République Démocratique du Congo, malgré ses propres défis internes – guerre, instabilité politique, et crises économiques – a fait preuve d'une incroyable générosité en ouvrant ses portes aux réfugiés rwandais lors des conflits qui ont frappé la région des Grands Lacs. Cette générosité n'était pas seulement une réponse à un besoin urgent, mais aussi une manifestation d'humanité et de solidarité envers des peuples voisins, unis par les souffrances du passé. La RDC, dans sa générosité, a offert plus qu'un simple abri : elle a offert un refuge, une nouvelle chance de vivre, de reconstruire, et de se relever ensemble.

3.2. Le Contexte historique et les raisons de l'accueil des réfugiés rwandais

La crise rwandaise des années 1990, marquée par le génocide de 1994, a conduit des centaines de milliers de Rwandais à fuir leur pays. La RDC, à l'époque encore appelée Zaïre sous le régime de Mobutu Sese Seko, a été l'un des pays qui a ouvert ses frontières pour accueillir ces réfugiés. Bien que le pays lui-même fût déjà fragilisé par une instabilité politique et des conflits internes, la solidarité envers ses voisins a été un principe fondamental. Les autorités congolaises ont permis aux réfugiés d'entrer sur leur territoire, principalement dans les régions orientales proches de la frontière rwandaise, offrant un abri temporaire, des ressources, et un espoir de sécurité.

3.3. La solidarité et les défis d'un accueil dans un contexte difficile

L'accueil des réfugiés n'a pas été sans défis. La RDC, déjà secouée par ses propres tensions internes, a dû faire face à une pression accrue sur ses infrastructures de base. Les camps de réfugiés étaient souvent surpeuplés, les conditions de vie précaires, et les ressources limitées.

Malgré cela, la population congolaise, avec un sens profond de solidarité, a fait preuve d'une hospitalité remarquable, partageant des ressources, donnant de leur temps et de leur énergie pour soutenir ceux qui fuyaient la violence.

Les autorités locales, bien que submergées, ont tenté de gérer la situation avec les moyens du bord, en coopération avec les organisations humanitaires internationales, telles que le Haut-Commissariat des Nations Unies pour les Réfugiés (HCR). Ce soutien international a permis de mieux organiser l'aide, mais la générosité spontanée des Congolais a joué un rôle crucial dans la survie des réfugiés pendant cette période difficile.

3.4. Une amitié fondée sur l'entraide et la solidarité

Au-delà des actions concrètes, l'accueil des réfugiés par la RDC a donné naissance à une forme d'amitié fondée sur l'entraide et la solidarité. Malgré les tensions historiques entre les peuples des Grands Lacs, ce soutien mutuel a permis de tisser des liens invisibles mais forts entre les Congolais et les Rwandais. Dans les camps, les interactions quotidiennes entre les deux communautés ont permis de dissiper une partie des malentendus et des préjugés qui avaient pu exister dans le passé.

Les réfugiés ont été accueillis non seulement avec des ressources matérielles mais aussi avec un soutien moral et psychologique. Dans les moments les plus difficiles, les voisins congolais ont tendu la main, offrant des rations alimentaires, partageant des abris temporaires, et aidant à construire des infrastructures de base comme des puits d'eau et des écoles de fortune.

3.5. Les leçons de solidarité de la RDC pour la région et le monde

L'exemple de la RDC dans cette période sombre peut être vu comme un modèle de générosité et de solidarité en temps de crise. Même au milieu de ses propres luttes, le pays a montré au monde que l'humanité et la dignité des réfugiés doivent toujours primer sur les considérations politiques ou territoriales. L'amitié qui s'est forgée entre les Congolais et les Rwandais, bien qu'éphémère, a démontré que dans des moments de souffrance partagée, les peuples peuvent se soutenir mutuellement au-delà des frontières.

Cette solidarité a également eu un impact à long terme sur les relations régionales. Bien que les tensions politiques et militaires entre la RDC et le Rwanda aient continué après cette période, la mémoire de l'accueil généreux des réfugiés reste une pierre angulaire de l'histoire commune des deux nations. L'hospitalité de la RDC envers les réfugiés rwandais rappelle à tous que les conflits ne doivent pas empêcher l'humanité de prévaloir, et qu'en période de crise, l'entraide peut ouvrir des chemins de paix.

3.6. Conclusion : L'héritage d'une solidarité durable

L'accueil des réfugiés rwandais par la République Démocratique du Congo, au-delà d'être un acte de générosité immédiat, a renforcé les valeurs de solidarité et d'entraide qui font partie intégrante du patrimoine culturel et social congolais. En dépit des nombreuses difficultés que le pays continue de traverser, cette époque rappelle que la RDC, bien que frappée par des conflits internes, a su faire preuve de cœur et d'humanité envers ceux qui en avaient besoin. Cet esprit de solidarité reste un symbole puissant de ce que peut accomplir l'entraide dans les moments les plus sombres de l'histoire.

CHAPITRE 4 : OMBRES AU TABLEAU

4.1. Introduction : des tresors qui divisent

La République Démocratique du Congo (RDC) est l'un des pays les plus riches en ressources naturelles au monde, avec d'immenses réserves de minerais précieux tels que le cobalt, le cuivre, le coltan, l'or et bien d'autres. Cependant, ces richesses naturelles, loin d'être une bénédiction, sont devenues une source de convoitise et de conflit, attirant des intérêts étrangers et des acteurs régionaux. Dans ce contexte, des tensions commencent à émerger entre la RDC et le Rwanda, pourtant liés par une histoire commune et une fraternité culturelle profonde. Ces tensions mettent en lumière la fragilité des relations entre les deux nations, alors que des signes de méfiance apparaissent. Ce chapitre explore comment la quête pour ces ressources a commencé à assombrir l'image d'une coopération fraternelle autrefois forte.

4.2. L'attrait des ressources naturelles de la RDC

Depuis l'indépendance, la RDC a été perçue comme un véritable coffre-fort de richesses naturelles. Le pays possède d'énormes réserves de minerais stratégiques utilisés dans de nombreuses industries, de l'électronique à l'aéronautique, en passant par les technologies de l'énergie renouvelable. Le coltan, essentiel à la fabrication de composants électroniques modernes, est l'un des minerais les plus convoités. Mais la richesse en ressources naturelles de la RDC a également attiré de nombreux acteurs étrangers et régionaux, qui ont cherché à exploiter ces trésors à tout prix.

Alors que l'État congolais peine à imposer son autorité sur l'ensemble de son territoire en raison de l'instabilité interne, des groupes armés locaux et des acteurs étrangers s'installent dans les régions minières, souvent en toute illégalité, pour exploiter ces ressources. La RDC devient alors le théâtre d'une guerre économique où les profits issus des minerais sont l'enjeu principal.

4.3. L'implication du Rwanda dans la région : une politique d'interventionnisme

Le Rwanda, un pays plus petit mais stratégiquement bien situé, n'est pas étranger à cette dynamique. Le pays, qui a été secoué par le génocide de 1994, cherche à renforcer sa position économique et politique en soutenant certains groupes armés dans l'Est de la RDC, en particulier dans les provinces du Kivu, riches en ressources. Le Rwanda est accusé d'être impliqué dans l'exploitation illégale du coltan et d'autres minerais, via ses soutiens à des groupes rebelles qui contrôlent certaines zones minières.

De nombreux rapports d'organisations internationales et d'ONG ont mis en lumière la manière dont le Rwanda, par l'intermédiaire de ses soutiens à des groupes rebelles tels que le Mouvement du 23 mars (M23), aurait facilité l'extraction et le commerce des minerais congolais. Cette situation contribue à alimenter des tensions avec la RDC, qui accuse son voisin de piller ses ressources naturelles et d'entretenir l'instabilité dans ses régions minières.

4.4. Les premières fissures dans la fraternité : La méfiance croissante

Malgré les liens fraternels historiques entre la RDC et le Rwanda, ces accusations d'exploitation illégale des ressources ont commencé à nourrir une méfiance croissante. Pour la RDC, il devient de plus en plus difficile de croire que le Rwanda, un pays qu'il considérait autrefois comme un allié, n'a pas d'intentions cachées en soutenant des groupes rebelles à l'Est. Les autorités congolaises dénoncent l'ingérence du Rwanda dans ses affaires intérieures et se sentent trahies par un pays qu'elles considéraient comme un frère d'Afrique.

Pour le Rwanda, de son côté, la situation est différente. Le pays se sent vulnérable, ayant longtemps été perçu comme un petit État entouré par des voisins instables. Le Rwanda justifie ses actions par la nécessité de sécuriser ses frontières et de protéger ses intérêts stratégiques dans une région de plus en plus en proie à des violences ethniques et politiques. L'idée de maintenir une influence sur l'Est de la RDC est, selon Kigali, une question de survie nationale, mais ces arguments ne parviennent pas à apaiser la méfiance croissante à Kinshasa.

4.5. Les acteurs internationaux et les intérêts étrangers : Le rôle de la communauté internationale

Les tensions entre les deux pays sont également exacerbées par les acteurs internationaux, qui ont leurs propres intérêts dans la région. Les grandes entreprises multinationales, souvent accusées de complicité avec des groupes armés pour l'exploitation illégale des ressources, profitent de la situation. Le commerce des minerais congolais passe en grande partie par des réseaux informels qui échappent aux contrôles de l'État congolais et sont en partie transitaires par le Rwanda, qui devient un acteur central dans cette économie souterraine.

L'implication des puissances mondiales dans le contrôle des ressources naturelles ajoute une autre couche de complexité à la situation. Des puissances comme les États-Unis, la Chine et la Belgique ont des intérêts économiques en RDC, mais leur soutien à la stabilité de la région est souvent ambigu. La RDC se sent souvent abandonnée par la communauté internationale, qui, bien que dénonçant la situation, semble insuffisamment engagée pour réellement changer la dynamique.

4.6. L'impact sur la coopération entre les peuples : Une rupture dans la solidarité historique

Malgré les tensions politiques et économiques croissantes, les peuples rwandais et congolais restent, en grande partie, attachés à des liens fraternels profondément enracinés. Les relations entre les citoyens de chaque pays, qu'ils soient commerçants, travailleurs ou étudiants, sont souvent harmonieuses et fondées sur des affinités culturelles fortes. Cependant, la politique régionale, alimentée par la rivalité pour les ressources naturelles, commence à s'immiscer dans ces relations quotidiennes.

Les frontières politiques et les accusations de pillage transforment des relations de solidarité en soupçons et en hostilité. Les communautés frontalières, qui avaient l'habitude de coexister pacifiquement, se retrouvent confrontées à une atmosphère de méfiance. Des incidents violents surgissent occasionnellement, alimentés par des discours nationalistes et des politiques de sécurité de plus en plus autoritaires de part et d'autre. Le Rwanda, en soutenant certains groupes rebelles en RDC, renforce ce sentiment de fracture parmi les populations locales, qui se sentent prises entre deux feux.

4.7. Conclusion : Les ressources comme moteur de division

Le chapitre se termine sur une réflexion poignante sur la manière dont les ressources naturelles, au lieu de servir de levier pour le développement des nations, deviennent une source de division. La quête de ces richesses précieuses, au lieu de favoriser la coopération, entraîne la RDC et le Rwanda dans une spirale de méfiance, de conflits économiques et de rivalités géopolitiques. Les ombres qui apparaissent dans les relations entre ces deux pays autrefois frères illustrent comment des facteurs extérieurs — notamment les ressources naturelles — peuvent perturber des liens historiques solides et créer des fractures difficiles à réparer.

Il demeure cependant une lueur d'espoir : tant que les peuples rwandais et congolais continueront de croire en leur fraternité, il existe un potentiel pour rétablir des relations pacifiques, basées sur le respect mutuel et une gestion partagée des ressources naturelles. Mais pour y parvenir, la politique devra d'abord laisser place à une vision commune de coopération et de développement pour la région des Grands Lacs.

CHAPITRE 5 : L'OR DES COLLINES

5.1. Introduction : L'ombre de l'exploitation

L'Est de la République Démocratique du Congo est une région bénie de richesses naturelles, mais aussi accablée par l'exploitation illégale de ces ressources. Les collines et montagnes verdoyantes qui bordent les rivières du Kivu cachent sous leur sol de l'or, du coltan, du cobalt et des minerais essentiels pour le monde entier. Cependant, derrière cette abondance, se cache une réalité sombre : la course à l'exploitation de ces ressources attire non seulement des multinationales, mais aussi des pays voisins, dont le Rwanda, qui ont leurs propres intérêts à contrôler ces richesses. Kaleba, un homme de principes, se retrouve pris au piège entre son amitié sincère avec Nshuti et la réalité implacable de l'exploitation des ressources de sa terre natale. Alors qu'il commence à se rendre compte des jeux d'intérêts qui se jouent, des doutes émergents dans son esprit : est-ce que son voisin, qu'il considère comme un frère, ne profite pas de leur relation pour des gains personnels ?

5.2. Les collines d'or : Une malédiction déguisée

Les collines du Kivu, autrefois symbole de beauté naturelle et de tranquillité, sont désormais perçues comme des champs de bataille économiques. L'or extrait dans ces montagnes, ainsi que d'autres minerais rares comme le coltan, suscite l'intérêt de nombreux acteurs extérieurs. La RDC, bien que riche en ces ressources, souffre d'un manque d'infrastructures et d'une gouvernance fragile qui empêche une gestion efficace et équitable de ses richesses. Des réseaux de contrebande, des milices armées et des groupes rebelles prennent le contrôle de ces mines, exploitant les populations locales tout en extrayant ces précieuses ressources.

Dans ce contexte, des pays voisins comme le Rwanda, qui bénéficient d'une meilleure organisation et stabilité, se retrouvent souvent impliqués dans l'exploitation illégale de ces ressources. Des entreprises et des réseaux mafieux, souvent soutenus par des puissances régionales, exploitent les faiblesses de la RDC pour s'enrichir. Ces ressources, qui devraient servir à développer le pays, sont ainsi pillées, laissant une population congolaise dans la pauvreté, malgré l'immense richesse qui se cache sous ses pieds.

5.3. Kaleba et Nshuti : Une amitié mise à l'épreuve

Kaleba, qui a toujours vu Nshuti comme un frère, se trouve maintenant tiraillé entre la loyauté envers son ami et la prise de conscience de la réalité géopolitique et économique qui se joue autour de lui. Nshuti, bien que profondément marqué par son passé, reste un acteur influent dans la région. Il a des connexions, et son pays, le Rwanda, joue un rôle clé dans la politique de la région des Grands Lacs, notamment en raison de son implication dans le contrôle des ressources du Kivu. Les ressources naturelles attirent non seulement des entreprises multinationales, mais aussi des acteurs politiques qui cherchent à sécuriser leurs intérêts.

Alors que Kaleba travaille auprès des communautés locales pour améliorer les conditions de vie, il commence à remarquer des éléments troublants. Des cargaisons de minerais partent du Kivu, en grande partie en direction du Rwanda, sous des prétextes divers. Kaleba entend des rumeurs selon lesquelles des groupes rebelles soutenus par Kigali contrôlent les zones minières, permettant à des intérêts rwandais d'exploiter illégalement les ressources sans que la RDC en bénéficie réellement.

Ces révélations l'amènent à se poser des questions sur l'implication de Nshuti dans cette dynamique. Bien qu'il n'y ait aucune preuve concrète,

Kaleba commence à percevoir des signes inquiétants. Des discussions avec Nshuti, par exemple, qui semblaient autrefois innocentes, prennent désormais un tour plus suspect. Pourquoi son ami, qui semble si sincère, ne parle-t-il jamais des répercussions économiques de la situation, alors qu'il connaît bien la région ? Pourquoi semble-t-il écarter toute conversation sur la façon dont les ressources du Congo sont exploitées par des acteurs étrangers ?

5.4. La prise de conscience de Kaleba : L'amitié et les intérêts personnels

Un soir, alors qu'il se trouve à discuter avec Nshuti autour d'un feu de camp, Kaleba entend une conversation furtive entre son ami et un autre homme d'affaires rwandais. Bien que les mots ne soient pas entièrement clairs, Kaleba perçoit des termes comme « exploitation » et « partage des profits », des mots qu'il n'aurait jamais imaginés prononcés par quelqu'un qu'il considérait comme un frère. Il commence à se demander si Nshuti, tout en prônant l'amitié et la solidarité entre leurs peuples, ne serait pas en train d'exploiter les ressources de la RDC à des fins personnelles.

Kaleba est déchiré. D'un côté, il ressent toujours une forte amitié pour Nshuti, mais de l'autre, il ne peut ignorer les signes de manipulation et les actions qui commencent à éroder la confiance qu'il lui accordait. Comment son ami, qu'il voyait comme une personne honorable, pourrait-il être impliqué dans une exploitation qui nuit directement à son propre peuple et à son pays ? Kaleba commence à réaliser que, malgré les liens fraternels et les idéaux d'entraide, les intérêts économiques et politiques de chacun peuvent parfois primer sur les relations personnelles.

5.5. La confrontation : Un choix difficile

Un jour, Kaleba décide de confronter Nshuti. Il lui expose ses inquiétudes, lui parlant des rumeurs qu'il a entendues et des signes qu'il a remarqués. La conversation est tendue, et Nshuti, d'abord surpris, réagit avec nervosité. Il dément toute implication dans l'exploitation illégale des ressources et insiste sur le fait que les actions du Rwanda sont motivées par la sécurité nationale et non par un intérêt économique personnel. Cependant, Kaleba remarque que son ami semble moins convaincant qu'avant. Nshuti évite de répondre directement aux questions concernant les connexions entre son gouvernement et les groupes rebelles dans l'Est de la RDC. Cela crée un malaise profond entre eux, car Kaleba se rend compte que leur relation a été, d'une manière ou d'une autre, affectée par les intérêts cachés de Nshuti.

5.6. Les ombres de la trahison : Une amitié en péril

À partir de ce moment, Kaleba se sent de plus en plus isolé. La question de la loyauté se pose avec acuité : peut-il continuer à considérer Nshuti comme un véritable frère si ce dernier, ou son pays, profite de la situation au détriment de la RDC ? Kaleba se trouve dans une position difficile. D'un côté, il veut croire à l'amitié et à la coopération entre les peuples congolais et rwandais, mais de l'autre, il voit les signes évidents de l'exploitation de ses ressources par des intérêts extérieurs.

5.7. Conclusion : L'or qui sépare plutôt que d'unir

Le chapitre se termine sur une note de doute et d'incertitude. Kaleba se rend compte que les ressources naturelles de la RDC, loin d'être un levier pour le développement du pays, sont devenues un terrain de conflits et de convoitises. Les richesses de la terre, symbolisées par l'or des collines, ont transformé l'amitié entre Kaleba et Nshuti en un champ de bataille idéologique et moral. Kaleba est désormais face à un choix difficile : poursuivre son amitié avec Nshuti, malgré ses doutes, ou se lever pour défendre les intérêts de son pays et de son peuple, quitte à remettre en question cette amitié.

CHAPITRE 6 : LES MURMURES DE LA TRAHISON

6.1. Introduction : Une vérité enfouie

Les vents du vent soufflent de plus en plus fort dans la région du Kivu, où la frontière entre la RDC et le Rwanda, autrefois un lieu de fraternité, devient le théâtre de tensions croissantes. Kaleba, dévasté par les révélations qu'il a déjà suspectées mais jamais confirmées, se retrouve au cœur d'une vérité que ni lui ni Nshuti n'avaient voulu affronter : l'implication directe de son voisin rwandais dans les conflits qui dévastent la région. Ces murmures de trahison, jusqu'à présent des rumeurs indistinctes, prennent une forme inquiétante lorsque Kaleba met la main sur des preuves tangibles, des documents et des témoignages qui le confrontent à une réalité bien plus sombre que ce qu'il avait imaginé.

6.2. Le poids des preuves : Une réalité difficile à ignorer

Tout commence lorsqu'un informateur anonyme, un ancien milicien qui a déserté un groupe rebelle dans le Kivu, approche Kaleba avec des informations compromettantes. Cet homme, tremblant de peur, confie à Kaleba que le groupe rebelle qu'il a rejoint était en fait soutenu par des puissances extérieures, en particulier le Rwanda, qui finance et arme certaines factions pour maintenir son influence sur la région.

Kaleba, déjà sous tension par les suspicions qui l'assaillent depuis un certain temps, commence à investiguer davantage. Après des jours de recherches et de rencontres discrètes avec des membres des communautés locales, il découvre des documents qui laissent peu de place au doute : des transferts d'armements, des financements indirects, des accords secrets entre certains responsables rwandais et des groupes armés congolais. Ces découvertes révèlent que l'implication du Rwanda dans le soutien à des factions rebelles en RDC est bien plus directe et systématique qu'il n'avait pu l'imaginer.

6.3. L'impact de la découverte : Une rupture irréversible ?

Alors que Kaleba réalise l'ampleur de la situation, un sentiment de trahison et de colère grandit en lui. Les preuves en sa possession montrent clairement que des ressources congolaises sont exploitées au profit du Rwanda, tandis que des milliers de vies sont sacrifiées dans des guerres de proxy. Kaleba ne peut ignorer l'ampleur de ce qu'il a découvert : son propre pays est victime d'un pillage organisé, et son ami Nshuti semble avoir joué un rôle, même indirect, dans ce scénario tragique. Ses croyances et son idéalisme sont désormais mis à l'épreuve. Les murs de la confiance qu'il avait bâtis autour de son amitié avec Nshuti commencent à s'effondrer sous la pression de ces révélations.

Il décide de confronter Nshuti, mais il est assiégé par une angoisse intérieure : comment lui parler de ce qu'il a découvert sans détruire définitivement leur amitié ? Comment expliquer à son ami qu'il a maintenant des preuves tangibles de ce qu'il soupçonnait depuis longtemps ? L'amitié entre les deux hommes, autrefois fondée sur la fraternité et la solidarité, se trouve désormais dans une impasse douloureuse, où chaque mot échangé pourrait être perçu comme une accusation.

6.4. Le dilemme de Nshuti : Loyauté ou trahison ?

Le face-à-face tant redouté arrive finalement. Kaleba, le regard lourd et la voix brisée, présente les preuves à Nshuti. Il lui montre les documents, les témoignages, et les liens qui relient des responsables rwandais à des groupes armés opérant dans les provinces du Kivu. Nshuti, qui a toujours cherché à défendre son pays et ses actions, se trouve paralysé par une douleur profonde. Ses yeux cherchent une issue, un moyen de justifier ou d'expliquer ce qui semble être l'injustifiable. Il se retrouve pris dans un tourbillon de loyauté, partagé entre son amitié avec Kaleba, qu'il chérit, et sa fidélité envers son pays, qui, selon lui, agit par nécessité pour protéger ses intérêts stratégiques et sécuritaires.

Nshuti, déchiré, ne sait pas comment répondre. Il ressent la pression de ses responsabilités envers son gouvernement, mais il sait au fond de lui que ce qu'il a vu au fil des années, ce qu'il a entendu dans les cercles de pouvoir, ne correspond plus à l'image d'un Rwanda innocent et défenseur de la paix. Cependant, son patriotisme et son désir de protéger son pays le poussent à justifier certaines actions, malgré la douleur qu'elles infligent à son ami et à son pays voisin.

6.5. La confrontation : Des mots qui blessent

La conversation entre Kaleba et Nshuti se transforme rapidement en un débat houleux. Kaleba, désillusionné, lui reproche d'avoir soutenu, même indirectement, un système qui profite de la souffrance de son peuple et de son pays. Il le confronte sur les failles de l'amitié, sur l'absence de transparence, et sur l'exploitation des ressources congolaises au détriment de la RDC. De son côté, Nshuti tente de se défendre, arguant que son gouvernement n'a jamais eu pour but de nuire au Congo, mais que la sécurité nationale du Rwanda prime sur tout. Il répète que les actions menées dans la région sont une nécessité pour la survie de son pays, mais au fond de lui, il sait que chaque mot prononcé s'éloigne un peu plus de la vérité que Kaleba aimerait entendre.

L'intensité de la discussion atteint son paroxysme lorsque Kaleba, dévasté, finit par dire : « Si tu me dis que tu as agi pour la sécurité de ton pays, alors cela veut dire que mon pays et ses souffrances ne comptent pas pour toi. » Ces mots résonnent lourdement dans l'esprit de Nshuti, qui, au fond de lui, se rend compte qu'il est en train de trahir son ami, peut-être pour de bon. Mais son engagement envers son pays et ses obligations envers ses supérieurs restent des poids qui l'empêchent de faire marche arrière.

6.6. La fissure : Une amitié en péril

La confrontation laisse des cicatrices profondes. Kaleba, bien qu'ayant ouvert les yeux sur une réalité qu'il ne pouvait plus ignorer, se sent trahi par l'homme qu'il considérait comme un frère. Il réalise que les valeurs qu'ils partageaient autrefois ne peuvent pas tout justifier face à une politique régionale motivée par des intérêts personnels et économiques.

Nshuti, de son côté, se trouve confronté à un dilemme qu'il n'a jamais voulu affronter. Il sait qu'il a trahi son ami, mais il ressent également la pression de son devoir envers son pays. Il est pris entre deux mondes : celui de l'amitié et de la fraternité, et celui de la loyauté envers son gouvernement et ses engagements militaires. La culpabilité le ronge, mais il n'arrive pas à voir une issue claire.

6.7. Conclusion : L'écho de la trahison

Le chapitre se termine sur une note d'incertitude et de tristesse. La relation entre Kaleba et Nshuti, autrefois fondée sur la confiance et la solidarité, se fissure sous le poids de la vérité. Les murmures de la trahison résonnent désormais dans l'esprit de Kaleba, qui doit désormais faire face à la réalité d'un monde où les relations humaines, même les plus sincères, sont souvent écrasées par les intérêts politiques et économiques. Nshuti, quant à lui, se trouve à un carrefour, où il doit choisir entre son devoir envers son pays et la rédemption d'une amitié brisée.

CHAPITRE 7 : LA VOIX DE NZOVU

Nzovu, sage et respecté, se tenait au centre de la grande salle, entouré de jeunes esprits assoiffés de savoir. Son visage, marqué par les années, témoignait de la sagesse acquise au fil de nombreuses décennies de réflexion et d'observation des évolutions des deux pays voisins. Il leva lentement la main, demandant le silence, puis commença à parler d'une voix grave mais chaleureuse, ses mots semblant porter un poids immuable.

« Mes enfants, » commença Nzovu, « avant que vous ne vous lanciez dans cette quête de compréhension, il est important que vous sachiez d'où viennent les différends qui nous séparent. Les conflits entre nos nations ne sont pas nés d'un seul événement, mais sont le résultat de plusieurs siècles de malentendus, de luttes de pouvoir et de cicatrices historiques mal guéries. »

7.1. Il prit une profonde inspiration, puis se lança dans l'histoire.

« Tout a commencé bien avant nos ancêtres immédiats, bien avant que les frontières actuelles ne soient dessinées. Les peuples de nos deux pays partageaient un même territoire, une même terre, avant que des forces extérieures, principalement des colonisateurs venus d'autres continents, n'imposent de nouvelles divisions. Ces étrangers ont souvent entretenu et exacerbé les tensions en jouant sur les différences culturelles et ethniques, créant des divisions qui ne faisaient pas sens pour nos ancêtres. »

Il s'arrêta un instant, observant les visages attentifs des jeunes autour de lui, avant de continuer.

« Mais même avant l'arrivée des colonisateurs, nos peuples se disputaient déjà des territoires, des ressources, parfois même des croyances. Chaque nation a ses héros et ses martyrs, ses récits qui façonnent la manière dont elle se voit dans le monde. Ces histoires, mes enfants, sont parfois embellies et parfois déformées par ceux qui les racontent, en fonction de leurs propres intérêts. »

Nzovu marqua une pause, laissant ses paroles s'imprégner dans l'esprit de ses auditeurs. Puis, dans un souffle de sagesse, il ajouta :

« Je ne vous dis pas cela pour vous accabler ou vous faire perdre espoir. Mais pour vous rappeler que l'histoire est une arme à double tranchant. Elle peut à la fois nous diviser et nous unir, selon la manière dont nous la comprenons. Les différends ne se résolvent pas seulement en revenant sur le passé, mais en faisant preuve d'une profonde réflexion sur ce que nous voulons être demain. »

Il s'avança un peu, comme pour renforcer l'impact de ses paroles.

« À présent, mes enfants, il est crucial que vous vous demandiez : quel avenir voulez-vous construire ? Un avenir où les haines du passé continuent de diviser, ou un avenir où, au contraire, nous trouvons des moyens de dépasser ces barrières ? »

« Les jeunes générations comme vous ont la possibilité d'écrire un nouveau chapitre. La réconciliation ne vient pas simplement d'un acte symbolique, mais d'une volonté profonde de comprendre l'autre, de reconnaître ses souffrances et de les intégrer dans une vision commune de l'avenir. »

Nzovu se tut, laissant un silence lourd de sens régner dans la pièce. Ses yeux, pleins de sagesse, cherchaient les regards de ses auditeurs, comme pour évaluer si ses paroles avaient trouvé un écho en eux.

« Réfléchissez bien, » dit-il enfin. « Les cicatrices du passé ne disparaîtront pas d'elles-mêmes. Il est de votre devoir de les comprendre pour pouvoir guérir, non seulement pour vous-mêmes, mais aussi pour les générations futures. »

Le sage se rassit lentement, son discours terminé, mais ses mots continuant de résonner dans les esprits.

CHAPITRE 8 : LA GUERRE INVISIBLE

La guerre qui opposait les deux nations n'était pas celle des champs de bataille, mais celle des coulisses, des stratégies cachées, des accords secrets et des manœuvres économiques. Une guerre invisible, qui se déroulait dans l'ombre des négociations diplomatiques, des marchés financiers et des corridors des institutions internationales. Si les frontières étaient relativement stables, les populations locales, elles, ressentaient les répercussions de cette guerre de manière bien plus immédiate et concrète.

Les dirigeants des deux nations, bien qu'en apparence alliés dans des forums internationaux et engagés dans des dialogues de paix, se livraient en réalité une bataille impitoyable. Ils cherchaient à s'imposer l'un l'autre, non pas par la force des armes, mais par des moyens bien plus subtils : les leviers économiques, les alliances politiques et les manipulations financières.

8.1. Les luttes économiques : Les nouvelles armes

Les ressources naturelles des deux pays étaient au cœur de cette guerre invisible. Loin des regards des citoyens, des négociations discrètes se tenaient, des accords étaient signés dans des bureaux isolés, parfois sans que les populations concernées en aient connaissance. Les deux nations convoitaient les mêmes ressources : le pétrole, les minerais précieux, les terres arables et l'eau. Chacune cherchait à prendre le contrôle de ces biens essentiels, car dans ce monde globalisé, celui qui contrôlait les ressources avait le pouvoir.

Les multinationales, souvent aidées par des accords bilatéraux entre les gouvernements, exploitaient les richesses de ces territoires. L'exploitation minière, la construction de barrages hydroélectriques et l'agriculture industrielle devenaient des moyens d'augmenter les profits, au détriment de l'environnement et des communautés locales. Les terres agricoles, jadis cultivées par les paysans, étaient maintenant accaparées par des entreprises étrangères ou par des consortiums locaux qui avaient réussi à acheter ces terres avec l'aide de politiques favorables. Les paysans, souvent dépossédés de leurs biens, se retrouvaient dans des camps de travail ou des bidonvilles, loin de la terre qu'ils avaient cultivée pendant des générations.

En coulisse, des entreprises locales, qui avaient longtemps été la colonne vertébrale de l'économie, étaient étranglées par des lois économiques internationales imposées par des institutions comme le FMI ou la Banque mondiale. Les conditions des prêts internationaux étaient conçues pour garantir la dépendance des nations emprunteuses, les forçant à se soumettre à des politiques qui privilégiaient les intérêts étrangers au détriment de leur propre développement.

8.2. Les manipulations politiques : Jouer les alliances

Au niveau politique, la guerre invisible prenait une forme plus subtile encore. Les dirigeants des deux nations, tout en se montrant amicaux lors des sommets internationaux, manipulaient les accords bilatéraux pour affaiblir l'autre nation. Leurs politiques intérieures étaient souvent conçues non seulement pour assurer leur pouvoir, mais aussi pour miner celui de leurs voisins.

Les sanctions économiques, bien que rarement visibles au grand jour, étaient des armes redoutables. Elles prenaient la forme de restrictions commerciales ou de manipulations des prix des matières premières. En parallèle, les gouvernements utilisaient des tactiques de dissimulation et de désinformation, contrôlant les médias pour influencer l'opinion publique, créant ainsi des narratifs qui justifiaient la guerre économique tout en cachant la vérité.

Les élections étaient également un terrain de guerre. Les opposants politiques, qu'ils soient internes ou extérieurs, étaient réduits au silence. Les régimes en place utilisaient la répression pour éviter toute contestation. Les mouvements de la société civile, bien que nombreux, étaient affaiblis par des lois restrictives et des campagnes de dénigrement. Parfois, des groupes paramilitaires étaient utilisés pour faire taire les voix dissidentes et maintenir l'ordre voulu par les élites.

8.3. Les répercussions sur les populations locales : Les victimes de la guerre invisible

Ce qui frappait le plus, dans cette guerre invisible, c'était la souffrance des populations locales. Les travailleurs agricoles, souvent poussés à quitter leurs terres pour rejoindre les grandes villes en quête d'un emploi, se retrouvaient dans des conditions de vie déplorables. Les mégapoles, envahies par une population grandissante, devenaient des lieux de misère : des bidonvilles sans eau potable, des hôpitaux saturés, des écoles bondées et une criminalité galopante.

Les jeunes, déçus par les promesses des gouvernements successifs, se tournaient de plus en plus vers l'exode. Beaucoup tentaient de fuir vers des régions plus stables ou espéraient, au péril de leur vie, rejoindre l'Europe ou l'Amérique du Nord. Ceux qui restaient étaient condamnés à accepter des emplois précaires dans les usines ou les mines, souvent exploités par des entreprises étrangères qui n'accordaient que peu de droits à leurs employés.

Les campagnes, quant à elles, étaient le théâtre de batailles sourdes. Les terres agricoles qui étaient autrefois le cœur battant des familles rurales étaient progressivement absorbées par de grandes entreprises agricoles. Les paysans, ne pouvant lutter contre des puissances financières bien plus grandes qu'eux, se retrouvaient sans rien. L'accaparement des terres, souvent facilité par des politiciens corrompus, augmentait la fracture entre les classes sociales et précipitait les communautés rurales dans une pauvreté profonde.

Dans ce contexte, l'enseignement et la santé devenaient des privilèges réservés à une élite, alors que la majorité de la population souffrait de l'inefficacité des infrastructures publiques. Les écoles étaient en ruine, les hôpitaux manquaient de médicaments, et les services de base étaient souvent absents ou de mauvaise qualité.

8.4. Les mécanismes invisibles : Les réseaux d'influence

Ce qui rendait cette guerre encore plus insidieuse, c'était la manière dont elle se jouait dans les coulisses des institutions internationales, des entreprises multinationales et des ONG. Ces organisations, censées œuvrer pour le bien-être des populations, étaient souvent instrumentalisées pour servir des intérêts politiques et économiques. Les grandes entreprises multinationales avaient des liens profonds avec les gouvernements, qui leur fournissaient des contrats et des concessions en échange de soutien politique.

Les investisseurs étrangers, bien qu'ils aient promis de créer des emplois et de stimuler l'économie, étaient en réalité plus intéressés par l'exploitation à court terme des ressources naturelles et la maximisation de leurs profits. Les promesses de développement se traduisaient souvent par des accords qui laissaient les populations locales dans un état de précarité continue, sans véritable bénéfice à long terme pour la nation.

8.5. L'espoir d'une prise de conscience

Malgré la puissance de cette guerre invisible, un changement était peut-être encore possible. Les citoyens commençaient lentement à se rendre compte des mécanismes qui les opprimaient. Les réseaux sociaux, bien qu'ils aient été manipulés à des fins politiques, offraient également une plateforme où les voix dissidentes pouvaient se faire entendre. Les ONG, les activistes et les groupes communautaires étaient de plus en plus présents pour dénoncer la corruption et la manipulation des élites.

Un nouvel espoir grandissait parmi les jeunes générations. Beaucoup comprenaient que la véritable bataille ne résidait pas dans des confrontations violentes, mais dans l'éveil des consciences. Ils prenaient conscience que la guerre invisible n'était qu'une illusion de pouvoir, et que leur unité et leur volonté de changement pouvaient peut-être renverser le système.

CHAPITRE 9 : LE CRI DES INNOCENTS

Les terres du Congo, riches et fertiles, étaient à la fois bénies et maudites. Bénies par la beauté sauvage de la nature, les rivières scintillantes, les forêts luxuriantes et les montagnes imposantes, mais maudites par la convoitise qu'elles attiraient. Les civils congolais, qui avaient vécu pendant des générations en harmonie avec la terre, étaient désormais pris dans les tourments de conflits interminables, d'exploitation impitoyable et de souffrances inouïes. Leur terre, qu'ils considéraient comme sacrée, était transformée en champ de bataille, leur vie en marchandise.

Dans ce tourbillon de violence, d'injustices et de détresse, Kaleba était l'une des rares voix qui tentaient de porter le cri des innocents. Il savait que tant que le monde n'entendrait pas ce cri, tant que l'histoire des souffrances de son peuple ne serait pas racontée, le cycle de l'exploitation continuerait.

9.1. Les civils, premières victimes des conflits

Les villages congolais étaient depuis trop longtemps les premières victimes des guerres et des conflits incessants qui ravageaient le pays. Les conflits armés, souvent alimentés par des intérêts extérieurs et des luttes politiques internes, avaient semé la terreur parmi les populations civiles. Dans les zones reculées, loin des regards des grandes puissances, des villages entiers étaient attaqués, les maisons brûlées, les enfants, les femmes et les vieillards tués, déplacés ou réduits à l'esclavage.

Les milices, qu'elles soient locales ou étrangères, faisaient peu de distinction entre combattants et civils. Les communautés étaient prises dans une spirale de violence perpétuelle. Les hommes étaient enlevés pour être enrôlés de force dans les conflits armés, tandis que les femmes étaient souvent victimes de violences sexuelles, utilisées comme armes de guerre pour briser le moral des populations. Les enfants, quant à eux, étaient forcés de devenir des soldats, leur innocence arrachée pour devenir des instruments de destruction.

Ce n'étaient pas seulement les balles et les armes qui tuaient ces civils, mais aussi la privation de leurs moyens de subsistance. L'exploitation illégale des ressources minières, la déforestation, les destructions d'infrastructures, tout cela contribuait à réduire à néant des communautés entières, plongeant des milliers de familles dans la misère la plus totale. La pauvreté et la faim devenaient des compagnons permanents de ces populations, qui ne connaissaient ni la paix, ni l'espoir d'un lendemain meilleur.

9.2. L'exploitation des terres et les intérêts étrangers

Le Congo, un pays richement pourvu en ressources naturelles, est devenu un terrain de jeu pour des puissances étrangères, des entreprises multinationales et des acteurs politiques aux intérêts divergents. L'exploitation des minéraux, notamment du cobalt, du coltan et du diamant, est devenue un moteur d'enrichissement pour certains, mais une malédiction pour ceux qui vivaient sur ces terres.

Les grandes entreprises, soutenues par des accords corrompus entre les élites locales et les puissances étrangères, pillaient sans vergogne les ressources naturelles. Des milliers d'hectares de forêts tropicales étaient abattus pour laisser place à des projets miniers ou agricoles, dévastant des écosystèmes entiers et rendant les populations encore plus vulnérables. Les paysans étaient souvent déplacés de force pour permettre à ces entreprises d'exploiter les richesses de la terre, sans que ceux qui étaient les véritables gardiens de ces terres ne bénéficient jamais des profits générés.

Les compagnies ne prenaient aucune mesure pour réparer les dommages environnementaux, et les communautés locales, qui dépendaient de la terre pour leur survie, se retrouvaient sans rien. La pauvreté et la malnutrition se sont installées durablement, touchant particulièrement les enfants, qui n'avaient souvent pas accès à une éducation décente, ni aux soins de santé nécessaires.

Les populations congolaises, privées de leurs terres, devenaient des réfugiées économiques dans leur propre pays, parcourant des routes désertées, cherchant désespérément à échapper aux milices, aux bombardements et aux massacres. Leurs voix se faisaient de plus en plus silencieuses, noyées sous le poids des intérêts financiers et politiques.

9.3. Kaleba : Le combat pour faire entendre leur voix

Au cœur de ce chaos, Kaleba était un homme déterminé à faire entendre le cri des innocents. Ancien journaliste et défenseur des droits humains, il avait vu la souffrance des Congolais de ses propres yeux. Son village natal, dans le Kivu, avait été détruit, sa famille dispersée, et son avenir, comme celui de tant d'autres, incertain. Mais Kaleba ne pouvait se résoudre à laisser son peuple sombrer dans l'oubli. Il savait que pour qu'un jour la paix et la justice règnent, il fallait d'abord exposer la vérité, et cette vérité était trop souvent ignorée par la communauté internationale.

Kaleba avait pris la décision de voyager à travers le pays, visitant des zones de guerre, des villages dévastés, recueillant les témoignages des survivants. Il interviewait des femmes qui avaient perdu leurs enfants, des jeunes qui avaient été forcés de devenir soldats, des paysans qui avaient été arrachés de leurs terres. Mais au-delà de ces témoignages poignants, Kaleba voulait aussi donner une voix à ceux qui n'avaient jamais été entendus : les peuples indigènes, les travailleurs exploités, les enfants soldats. Il voulait qu'on sache, qu'on comprenne que derrière chaque ressource extraite, il y avait une vie brisée, une communauté dévastée.

Mais le chemin n'était pas sans obstacles. Kaleba était souvent menacé, harcelé par des autorités corrompues, par des milices, ou même par des entreprises qui cherchaient à étouffer la vérité. Des messages d'intimidation, des tentatives de corruption, des mises en garde : tout était mis en œuvre pour réduire au silence ceux qui se dressaient contre le système. Pourtant, Kaleba persévérait, avec la conviction que la vérité ne pouvait être cachée éternellement.

Avec le soutien de plusieurs ONG locales et internationales, ainsi que de journalistes indépendants, Kaleba réussit à organiser des conférences, à publier des rapports et à sensibiliser l'opinion publique mondiale aux souffrances du peuple congolais. Ses actions, bien que risquées, portaient leurs fruits. Les voix des victimes, longtemps ignorées, se faisaient enfin entendre, et un vent de solidarité soufflait de plus en plus fort.

9.4. Un cri pour la justice et la paix

Mais Kaleba savait que l'avenir du Congo ne dépendait pas seulement de l'attention qu'il attirerait. Le combat était bien plus vaste, plus complexe. Il s'agissait d'une lutte pour la justice, pour une redistribution équitable des richesses, pour une véritable réconciliation nationale. Les responsabilités étaient multiples : elles incombaient à la communauté internationale, aux entreprises, mais aussi aux dirigeants congolais eux-mêmes, qui devaient cesser de se servir des souffrances de leur peuple comme tremplin pour leur propre pouvoir.

Kaleba rêvait d'un Congo où les innocents, enfin libérés du fardeau de la guerre et de l'exploitation, pourraient reconstruire leurs vies. Il rêvait d'un pays où la terre, et non la violence, serait la véritable richesse, un pays où les générations futures grandiraient dans la paix et la prospérité. Mais pour que ce rêve devienne réalité, il fallait que chacun, à son niveau, entende le cri des innocents et se batte pour eux.

9.5. Conclusion : Un appel à l'action

Le cri des innocents, ce cri qui résonnait dans le cœur du Congo, ne pouvait plus être ignoré. Le peuple congolais, épuisé mais résilient, ne pouvait plus vivre dans l'ombre de cette guerre invisible, dans la souffrance quotidienne. Kaleba savait qu'il n'était qu'un homme, mais sa détermination et sa volonté de faire entendre les voix étouffées du peuple congolais étaient un signal. Si l'histoire des souffrances du Congo était enfin portée à l'attention du monde, il y avait, peut-être, encore une chance de changer le cours des choses. Mais pour cela, il fallait d'abord écouter. Écouter le cri des innocents.

CHAPITRE 10 : NSHUTI FACE A LA VERITE

Nshuti n'avait jamais imaginé qu'un jour elle serait confrontée à un dilemme aussi déchirant. Fille d'un haut fonctionnaire du gouvernement, elle avait grandi dans l'idée que son pays agissait toujours dans le meilleur intérêt de ses citoyens et de ses voisins. Depuis son plus jeune âge, on lui avait appris à croire en l'unité nationale, à nourrir des sentiments de fierté envers les actions de son gouvernement, même si certaines zones d'ombre n'étaient que rarement abordées. Mais aujourd'hui, Nshuti se retrouvait à la croisée des chemins, secouée par les révélations qu'elle venait de découvrir.

10.1. La découverte de la vérité

Le voyage de Nshuti vers la vérité avait commencé de manière innocente. Elle avait toujours été impliquée dans des programmes de paix et de réconciliation entre les deux nations, des initiatives qui se voulaient pacifiques et diplomatiques. Son rôle dans ces projets l'avait mise en contact avec des diplomates, des journalistes et des membres de la société civile des deux pays. Cependant, au fil du temps, Nshuti avait commencé à entrevoir des fissures dans l'image idéale qu'on lui avait présentée.

Une nuit, lors d'une réunion discrète avec des responsables d'ONG et des observateurs internationaux, elle avait pris connaissance de documents confidentiels et d'enregistrements révélant des actions secrètes menées par son gouvernement. Il était évident que la diplomatie officielle de son pays n'était qu'un masque, cachant des intérêts beaucoup plus sombres. Des manipulations économiques, des financements secrets d'opérations militaires, et des alliances douteuses avec des groupes paramilitaires avaient pour but d'exploiter les ressources naturelles du pays voisin, tout en alimentant des conflits internes pour justifier un contrôle politique renforcé.

Nshuti, qui avait toujours cru que son gouvernement était un acteur de la paix et de la stabilité dans la région, se retrouvait face à une vérité qui remettait en question tout ce qu'elle avait appris. Les actions de son gouvernement avaient contribué à déstabiliser une nation voisine, provoquant des souffrances innombrables parmi les civils. Elle avait du mal à accepter que ces souffrances étaient directement liées à des décisions prises par ceux en qui elle avait confiance, y compris son propre père, dont elle ignorait l'implication dans ces affaires.

10.2. Le dilemme intérieur

Face à ces découvertes, Nshuti se sentit prise dans une tourmente émotionnelle. L'admiration qu'elle avait pour ses leaders politiques, l'engouement nationaliste qui l'avait animée jusqu'alors, se transforma peu à peu en un profond sentiment de trahison. Comment pouvait-elle continuer à défendre un système qui, sous ses apparences de stabilité et de prospérité, engendrait la souffrance et l'injustice ? Ses propres convictions, longtemps solidement ancrées, se fissuraient sous la pression de la vérité.

Mais le plus difficile pour Nshuti n'était pas la révélation en elle-même. Ce qui la perturbait davantage, c'était la question de savoir comment réagir. Devait-elle continuer à soutenir son gouvernement, même si elle savait que ses actions portaient préjudice à des innocents ? Ou devait-elle prendre une position publique contre les injustices qu'elle venait de découvrir, risquant ainsi de se retrouver en conflit direct avec ceux qu'elle avait toujours respectés, y compris sa famille et ses proches ?

Cette hésitation la tourmentait chaque jour. Pourtant, plus elle réfléchissait, plus elle réalisait que son silence ou son approbation tacite équivalaient à être complice des souffrances qu'elle avait découvertes.

10.3. La quête de réconciliation

Alors que Nshuti se débattait avec sa conscience, elle se rendait compte que la question ne se limitait pas à dénoncer ou à se battre contre son gouvernement. Si elle voulait véritablement réparer le tort causé, il lui fallait chercher des solutions qui allaient au-delà du simple rejet ou de la condamnation. Il fallait reconstruire une relation sincère, une véritable amitié, entre les deux nations. Elle savait que cela ne serait pas facile, surtout après des années de méfiance, de souffrances et de conflits.

Mais Nshuti était déterminée. Elle commença à rencontrer des leaders de la société civile du pays voisin, des activistes, des survivants de conflits, des journalistes, et des intellectuels. Ces discussions, bien que parfois douloureuses, l'aidaient à comprendre les souffrances des peuples voisins, à écouter les voix qu'elle avait jusque-là ignorées. Elle prit conscience que la route vers la réconciliation passait par l'honnêteté, l'acceptation de la culpabilité, et une réparation authentique.

Elle décida donc de prendre des mesures concrètes. D'abord, elle commença à exposer publiquement les abus qu'elle avait découverts, s'appuyant sur des rapports d'ONG et des témoignages de première main. Elle chercha à lever le voile sur les mensonges et à pousser pour une plus grande transparence du gouvernement concernant ses relations avec les puissances étrangères et les entreprises impliquées dans l'exploitation des ressources naturelles.

Mais elle comprenait également qu'il ne suffisait pas de dénoncer. Il fallait aussi proposer des solutions pour bâtir un avenir commun, fondé sur l'égalité, le respect et la coopération. C'est pourquoi elle commença à organiser des forums de dialogue entre les citoyens des deux pays, où des discussions franches et ouvertes pourraient avoir lieu sur l'histoire partagée, les injustices subies et les voies de guérison. Nshuti rêvait d'une plateforme où les peuples des deux nations pourraient se retrouver, se parler, et construire des ponts au lieu de murs.

10.4. Les obstacles sur la route de la vérité et de la réconciliation

Cependant, les obstacles à sa quête étaient nombreux. Le gouvernement de son propre pays, bien qu'en apparence ouvert aux initiatives de paix, voyait ses actions sous un angle bien plus stratégique. Les révélations de Nshuti risquaient de mettre en péril des alliances politiques et économiques cruciales. Les puissances étrangères, impliquées dans les projets d'exploitation, exerçaient également des pressions. Les intérêts économiques étaient trop importants pour que les autorités acceptent facilement de perdre leur contrôle sur les ressources et les conflits.

Les médias, quant à eux, étaient souvent sous contrôle gouvernemental, et toute tentative de soulever des questions délicates était rapidement étouffée. Nshuti dut faire face à des campagnes de dénigrement, de menaces et d'intimidation. Sa position devint de plus en plus précaire, et elle dut choisir entre la sécurité de sa famille et son engagement pour la vérité.

10.5. L'espoir d'une nouvelle amitié

Malgré ces obstacles, Nshuti persévérait. Son engagement ne se limitait pas à une simple quête personnelle de vérité, mais visait à réparer le tissu social déchiré entre les deux peuples. Elle croyait profondément qu'une véritable amitié, fondée sur la reconnaissance des souffrances passées et la volonté de construire un avenir commun, était possible.

Peu à peu, son combat pour la réconciliation gagnait du terrain. D'autres voix, issues de la société civile, des intellectuels et même de certains dirigeants progressistes, commençaient à soutenir ses efforts. Les premières graines de cette amitié fragile commençaient à germer.

Nshuti savait qu'elle était encore loin du but, mais elle avait un espoir renouvelé : celui que, par la vérité et la réconciliation, un jour, les deux nations pourraient enfin se retrouver sur le chemin de la paix et de l'amitié véritable.

CHAPITRE 11 : LES CHAINES DE L'AVIDITE

Perceval se tenait dans le grand bureau en marbre, l'odeur du cuir et du papier émanant des étagères sombres autour de lui. À travers la fenêtre, les lumières de la ville scintillaient, mais le regard de Perceval, froid et calculateur, était rivé sur des documents stratégiques étalés devant lui. Il n'était pas un homme du peuple. Ses mains, d'habitude bien entretenues, se crispaient autour des dossiers comme s'il manipulait des morceaux de pouvoir. Il savait que chaque décision qu'il prenait avait des conséquences irréversibles, non seulement pour lui, mais aussi pour l'avenir de son pays et de ses voisins.

11.1. La politique de l'élite : un jeu de pouvoir

Perceval n'était pas un politicien comme les autres. Il n'était pas intéressé par les discours de paix, ni par les résolutions diplomatiques. Il voyait la politique comme un jeu d'échecs complexe où chaque mouvement, chaque alliance et chaque trahison servait un objectif précis : maintenir et étendre son pouvoir personnel et celui de l'élite qui le soutenait.

Bien qu'il ait grandi dans une famille de politiciens influents, il avait rapidement appris à comprendre les rouages du système. Dès sa jeunesse, il avait observé les jeux de pouvoir entre les élites de son pays et les nations voisines. Au lieu de chercher la réconciliation ou de favoriser la paix, Perceval avait adopté une approche différente : exploiter les failles des systèmes politiques, manipuler les ressources et utiliser les conflits comme un moyen de renforcer sa position.

Les ressources naturelles du Congo, le coltan, le cobalt, le diamant, tout cela constituait une mine d'or pour ceux qui savaient comment les contrôler. Et Perceval savait très bien comment les contrôler. Il savait que les ressources étaient la clé de la prospérité, mais aussi de la domination. Plutôt que de chercher des moyens pour établir une relation bénéfique et équitable avec son voisin, il voyait ces ressources comme un outil pour alimenter l'avidité de son pays et renforcer son propre pouvoir.

11.2. L'avidité des élites : un moteur de conflits

Perceval comprenait que le maintien d'un statu quo de conflit était essentiel pour que les élites de son pays continuent à prospérer. La guerre, qu'elle soit directe ou invisible, offrait de nombreuses opportunités pour ceux qui contrôlaient les chaînes d'approvisionnement des ressources minières. Chaque territoire instable devenait une terre fertile pour les entreprises liées au gouvernement, des entreprises qui ne se souciaient guère des souffrances humaines, mais uniquement des bénéfices à court terme.

Il y avait des accords secrets entre le gouvernement et des entreprises multinationales, des contrats sans transparence qui permettaient à des membres de l'élite, comme Perceval, de détourner une partie des profits des richesses naturelles de leur voisin. Ces accords, parfois déguisés sous des projets humanitaires ou des initiatives de développement, n'étaient en réalité que des opérations de pillage déguisé. Le gouvernement rwandais, tout comme d'autres puissances régionales, continuait à affirmer qu'il œuvrait pour la stabilité de la région, mais en réalité, il nourrissait des intérêts qui alimentaient les tensions.

Dans l'ombre de la diplomatie officielle se jouait un autre jeu, bien plus cynique : celui de la manipulation des conflits, de l'arrière-plan militaire et économique, des stratégies géopolitiques qui profitaient à une élite restreinte et à des acteurs internationaux. Les populations locales, qu'elles soient rwandaises ou congolaises, étaient laissées pour compte, sacrifiées sur l'autel de l'avidité.

11.3. Perceval et la stratégie du pouvoir

Perceval n'était pas seulement un homme d'affaires, il était aussi un stratège politique. Il savait que pour asseoir sa domination sur les régions riches en ressources naturelles, il devait maintenir un équilibre fragile. Un conflit entre les deux nations, surtout s'il était contrôlé depuis l'ombre, permettait de diviser les efforts de réconciliation et d'empêcher les populations de se concentrer sur des enjeux plus importants, comme la redistribution équitable des ressources.

Perceval utilisait les rivalités historiques entre les deux nations pour fomenter des discordes et empêcher toute forme d'unité. Les failles existantes étaient amplifiées par des campagnes de désinformation et des manipulations médiatiques qui semaient la méfiance entre les peuples. Il exploitait les divisions tribales, les ressentiments anciens, pour raviver des passions nationalistes qui ne faisaient qu'envenimer la situation. Il savait que si la guerre et la division persistaient, les relations internationales et les préoccupations humanitaires seraient toujours reléguées au second plan.

Il avait aussi une influence considérable sur les forces militaires et paramilitaires. En soutenant des groupes d'opposition dans les régions riches en ressources naturelles, il contribuait à l'instabilité, et donc à la perpétuation de la situation qu'il exploitait. Chaque mouvement était calculé, chaque décision prise en vue d'étendre son pouvoir économique et politique. L'armement et la vente d'armes étaient également des pièces essentielles de son puzzle, car elles maintenaient la région dans un état de guerre permanent, ouvrant la voie à des profits encore plus importants.

11.4. La remise en question de l'élite par les consciences éveillées

Mais tout le monde ne partageait pas la même vision de l'avenir. Des voix s'élevaient, parmi les jeunes générations, les activistes, certains intellectuels et même certains membres de l'élite, contre ce système d'avidité et de manipulation. Nshuti, par exemple, commençait à se rendre compte des rouages de cette politique de pouvoir et se dressait contre la corruption et les abus qui détruisaient les chances de paix durable. Ses actions étaient un cri d'avertissement pour les élites qui se nourrissaient du conflit et de l'exploitation.

Le rôle des élites dans la détérioration des relations devenait de plus en plus évident. Ces personnes, loin de chercher des solutions aux problèmes structurels des deux nations, étaient devenues des architectes de la division et de la guerre. Ils alimentaient une machine économique qui, bien que profitable à une minorité, était une malédiction pour les masses.

11.5. La question du prix du pouvoir

Le prix du pouvoir, tel que Perceval l'entendait, n'était pas une question morale. Il s'agissait plutôt d'une question pragmatique de contrôle, de ressources et de domination. Dans sa quête pour sécuriser sa place parmi les plus influents, il était prêt à sacrifier des vies, des valeurs et des principes, tant que cela servait ses ambitions. Mais une question persistait dans son esprit : jusqu'où irait-il avant que son empire ne s'effondre sous le poids de ses propres contradictions ?

Car au fond, même Perceval savait que les chaînes de l'avidité, bien qu'elles puissent tenir ensemble les élites pendant un temps, finiraient par se briser. Il avait vu la fragilité du pouvoir, la manière dont les royaumes fondés sur des fondations corrompues pouvaient s'effondrer à tout instant. Mais pour l'instant, il était déterminé à maintenir sa position, à jouer son rôle dans le grand jeu, et à continuer de nourrir l'avidité qui l'avait porté jusqu'ici.

CHAPITRE 12 : KALEBA EN EXIL

Kaleba s'était toujours cru ancré dans sa terre, fidèle à sa mission de défendre les plus vulnérables, d'apporter des solutions et des espoirs dans une région rongée par les conflits. Mais ce matin-là, tout avait basculé. Accusé de trahison, de collaboration avec des ennemis extérieurs, et de soutenir des idéologies subversives qui menaçaient l'équilibre du pouvoir, il se retrouvait contraint à fuir. Le même peuple qu'il avait défendu avec tant de ferveur le rejetait désormais, et les autorités n'avaient laissé aucune échappatoire à ses ambitions de paix. L'exil était devenu inévitable.

12.1. Le poids de l'accusation et l'évasion de la nuit

C'était une nuit sombre, épaisse comme de la suie. Kaleba n'eut guère le temps de réagir lorsque les autorités frappèrent à sa porte. Son nom, autrefois synonyme de lutte pour la justice, était désormais associé à des accusations de trahison. Ses alliés, au sein de la société civile, se tenaient à distance, incapables de risquer leur propre sécurité pour le soutenir. La situation était critique.

La peur, lourde comme un linceul, s'empara de lui alors qu'il prenait la décision d'échapper à l'arrestation. Il se glissa hors de la maison, sans rien emporter à part les documents qu'il avait rassemblés pendant des années de travail humanitaire et de lutte politique. Ces papiers étaient son dernier témoignage, la preuve de sa sincérité et de son engagement. La nuit le coucha dans ses bras, l'obscurité et la solitude devenant ses seules compagnes.

Fuir à travers les forêts, les rivières, et les montagnes du Congo, seul et traqué, était devenu son destin. Il n'avait plus de terre à défendre, plus de famille à protéger. Seulement l'instinct de survie et le désir de témoigner.

12.2. Le long périple à travers le Congo dévasté

Le Congo, dans son exil, lui apparaissait désormais sous un autre jour. Kaleba s'aventura dans des régions qu'il n'avait jamais visitées, des villages abandonnés par la guerre, des champs dévastés par l'exploitation minière illégale et des rivières empoisonnées par les conflits. Il observait, impuissant, les ravages que les guerres incessantes avaient causés. Là où il espérait trouver des témoins de sa lutte pour la paix, il trouvait des ruines, des villages dépeuplés, des enfants réduits à la mendicité, et des adultes rongés par le désespoir.

Le Congo n'était plus qu'une terre de souffrance et de ruines. Les combats n'étaient plus seulement politiques ou militaires, mais profondément sociaux et économiques. Les grandes compagnies minières étrangères, souvent soutenues par des intérêts politiques internes, avaient envahi les terres, pillant les ressources naturelles et laissant derrière eux des paysages stériles. Kaleba se rendait compte que ces invasions avaient alimenté le cycle de violence, les groupes armés se battant pour le contrôle des mines et des routes commerciales.

Les voix des habitants, autrefois pleines d'espoir, étaient maintenant étouffées par la peur. Partout où Kaleba se rendait, il rencontrait des survivants, des gens qui avaient perdu leur maison, leur famille, leur dignité. Les enfants, qu'il avait autrefois vu jouer librement, se retrouvaient désormais à se battre pour un peu de nourriture, ou à porter des armes pour des groupes paramilitaires.

Il traversa des dizaines de villages, allant de l'est à l'ouest, parlant avec les survivants. Chaque récit qu'il entendait était une nouvelle tragédie. Des villages entiers avaient été brûlés à cause des conflits ethniques, des femmes avaient été violées et des enfants, souvent enrôlés de force dans des milices, étaient devenus des instruments de violence et de terreur.

Kaleba, qui avait consacré sa vie à aider les autres, se retrouvait confronté à une vérité dévastatrice : ses efforts, bien qu'importants, étaient insuffisants face à l'ampleur de la souffrance. Mais plus encore, il comprenait que son exil, loin de le rendre impuissant, devait lui permettre de raconter cette souffrance, de briser le silence.

12.3. Les rencontre sur le chemin de l'exil

Au fur et à mesure de son périple, Kaleba fit des rencontres inattendues. Parmi ces hommes et ces femmes brisés, certains étaient encore porteurs de l'espoir. Il se souvint d'une vieille femme, assise sur les décombres de sa maison, qui lui dit avec une sagesse étonnante :

« Nous avons tout perdu, mais tant que nous respirons, nous avons encore le pouvoir de changer les choses. Ce n'est pas l'exil qui nous fait plier, c'est la peur de ce qui est devant nous. Vous n'êtes pas seul, Kaleba. Nous avons besoin de vous, même de loin. »

Ces paroles résonnèrent en lui. Chaque rencontre, chaque témoignage, chaque regard désespéré qu'il croisait renforçait sa conviction : il devait raconter ce qu'il voyait. Il ne pouvait pas se contenter de fuir dans l'ombre. Son exil, aussi difficile et solitaire fût-il, devenait un appel à la mobilisation, un signal d'alarme pour le monde entier.

Il se lia d'amitié avec d'autres réfugiés et résistants, des journalistes indépendants et des activistes de la société civile qui, eux aussi, étaient forcés de vivre dans la clandestinité. Ensemble, ils commencèrent à collecter des informations, à documenter les atrocités et à préparer des rapports destinés à dénoncer les responsables des souffrances endurées par les civils. Kaleba se transforma en témoin engagé, un journaliste involontaire qui, grâce à son exil, devenait l'écho des voix des opprimés.

12.4. L'impact de l'exil : une perspective différente

Au fur et à mesure que Kaleba parcourait ces terres dévastées, il comprenait l'importance de son rôle, même en dehors de sa terre natale. Il n'était plus simplement un acteur sur le terrain ; il devenait un messager, un témoin. Son exil lui offrait une perspective qu'il n'aurait jamais eue en restant dans les cercles politiques de sa région. Il voyait maintenant les racines profondes des conflits : la corruption des élites, l'exploitation par des puissances étrangères, l'avidité des grandes entreprises et la division ethnique manipulée par des intérêts politiques.

Mais cette vision globale des choses ne le laissait pas sans ressources. Il savait que son exil était le creuset d'une nouvelle mission : celle de rassembler les témoignages et les preuves nécessaires pour faire éclater la vérité. Il commença à diffuser des rapports clandestins sur les réseaux sociaux, à entrer en contact avec des organisations internationales et des journalistes étrangers qui pouvaient relayer son message au reste du monde.

12.5. L'espoir à travers la douleur

Bien que Kaleba ait traversé des moments de doute et de découragement, une chose restait certaine dans son esprit : les souffrances qu'il avait vécues, les témoignages qu'il avait recueillis, tout cela constituait une preuve vivante que le Congo, malgré ses dévastations, avait encore un avenir. Le combat ne devait pas être mené seul, mais en communion avec tous ceux qui aspiraient à la paix. Son exil devenait un symbole de résistance face à l'injustice, un phare de lumière dans un pays qui semblait perdre son chemin.

Kaleba savait que son chemin était long et incertain, que son exil pourrait durer des années. Mais il n'était plus seul. Des millions de voix se faisaient entendre à travers ses écrits, et le combat pour la dignité, la justice et la paix ne faisait que commencer.

12.6. Conclusion

Dans ce chapitre, Kaleba en exil se transforme d'un simple militant politique à un témoin et un messager de la souffrance du peuple congolais. À travers son périple, le lecteur découvre la dure réalité des conflits et des souffrances qui ravagent le pays. L'exil de Kaleba, bien qu'une épreuve personnelle, devient un point de bascule qui permet de mettre en lumière les injustices et de donner une voix à ceux qui ont été réduits au silence. Son parcours, ponctué de rencontres poignantes et de témoignages, ouvre une nouvelle dimension à son engagement pour la paix et la justice.

CHAPITRE 13 : LA PROMESSE D'UN AVENIR MEILLEUR

Le soleil se levait lentement sur les collines, baignant la terre congolaise d'une lumière douce et dorée. Kaleba, bien que fatigué par ses années d'exil, ressentait un frisson de renouveau. Ce n'était pas un simple retour chez lui. C'était un retour à l'espoir, un retour vers ce qu'il avait perdu et ce qu'il espérait encore retrouver : une paix durable, une réconciliation entre les peuples, et un futur de prospérité partagé. Nshuti, à ses côtés, semblait tout aussi déterminée, bien que l'ombre de la guerre et des divisions passées pesât encore sur ses épaules. Mais ensemble, ils formaient une alliance inattendue, portée par un idéal commun : reconstruire ce qui avait été détruit, reconstruire la confiance.

13.1. Une rencontre symbolique

Cela faisait des années que leurs chemins ne s'étaient pas croisés, mais la guerre, la politique et les malentendus avaient finalement cédé la place à un moment de vérité. Nshuti, exilée elle aussi, était revenue dans son pays avec l'intention de rassembler les morceaux éparpillés de son propre héritage. Kaleba et elle s'étaient retrouvés dans un petit village congolais, un lieu neutre où les deux anciens amis pouvaient enfin se parler sans crainte d'être écoutés par ceux qui les surveillaient.

Ils avaient partagé des silences, des souvenirs d'antan, des échanges lourds de non-dits et de regrets. Mais ce moment était plus qu'une simple rencontre entre deux êtres dévastés par le passé. C'était un catalyseur pour un changement plus profond. Leurs échanges étaient simples, mais marqués par une intensité palpable : ils savaient que l'avenir dépendait de ce qu'ils choisiraient de faire maintenant.

« Nous avons passé trop de temps à nous méfier l'un de l'autre, » dit Kaleba, en regardant Nshuti. « Mais nous avons vu la même chose. Nous avons vu la destruction, la souffrance. Et c'est de cette souffrance que nous devons naître à nouveau. »

Nshuti acquiesça. Elle comprenait ce que Kaleba voulait dire. Leur pays, le Congo, n'était pas seulement un terrain de guerre ; c'était un lieu où des peuples autrefois unis par des liens d'humanité étaient désormais divisés par la peur et la méfiance. Mais le temps était venu de reconstruire, et ce travail commencerait par eux.

13.2. Rebuilding Bridges : la mission commune

La tâche qui attendait Kaleba et Nshuti était immense. Ils ne pouvaient pas effacer les années de conflits ni réparer immédiatement les fractures entre leurs communautés respectives. Mais ils savaient que, pour faire naître l'espoir, ils devaient d'abord rétablir la confiance entre les peuples.

Ils commencèrent par organiser des rencontres entre les leaders communautaires des deux côtés de la frontière. Ces discussions étaient tendues au départ, avec des murmures de méfiance, des reproches et des accusations qui ressurgissaient souvent. Mais Kaleba, fort de son expérience en tant qu'acteur humanitaire, et Nshuti, forte de sa position politique, avaient un pouvoir de persuasion que peu de gens possédaient. Ils ne se contentaient pas de parler des erreurs du passé ; ils plaidaient pour un avenir commun où les ressources seraient partagées, où les conflits seraient résolus par le dialogue et la coopération, et où les jeunes générations n'hériteraient pas de la guerre.

« Si nous laissons nos enfants se détester comme nous l'avons fait, nous faisons un mauvais choix pour l'avenir, » disait Nshuti lors de l'une de ces premières rencontres. « Nos enfants doivent se voir comme des frères et sœurs. L'histoire ne se répétera pas si nous choisissons d'agir ensemble. »

Leurs discours étaient simples, mais profonds. Kaleba parlait de la souffrance qu'il avait vue au fil de ses voyages à travers le pays, et comment les conflits ne faisaient qu'aggraver la misère. Nshuti, quant à elle, parlait de l'espoir qu'elle avait toujours gardé, même dans l'obscurité, et de la nécessité de bâtir un avenir où la haine n'avait pas sa place.

Leurs messages résonnaient avec une partie des peuples des deux nations. Mais convaincre les autres – ceux qui étaient encore captifs de la méfiance, de la peur, et des rancunes – restait un défi.

13.3. Les premières graines de réconciliation

Malgré les réticences initiales, de petites victoires commencèrent à se dessiner. Des représentants des deux nations participèrent à des ateliers sur la paix, des échanges culturels et des projets de coopération. La jeunesse, en particulier, s'impliqua massivement, cherchant à s'ouvrir à l'autre et à renouer des liens qui avaient été brisés par des années de guerre.

Kaleba et Nshuti s'étaient rendu compte qu'il était crucial de parler aux jeunes générations, celles qui n'avaient pas connu la guerre, mais qui avaient grandi avec ses stigmates et son héritage. Celles-là avaient besoin d'un modèle, d'un exemple de réconciliation pour leur montrer que la violence ne devait pas être la norme, que la haine ne devait pas être leur héritage. Ils commencèrent à organiser des forums où les jeunes des deux pays pouvaient échanger leurs expériences, partager leurs rêves et se concentrer sur ce qu'ils avaient en commun plutôt que sur ce qui les séparait.

Ces rencontres étaient timides au début, mais au fil du temps, un certain esprit de solidarité se développait. Les jeunes commençaient à voir l'autre non comme un ennemi, mais comme un partenaire potentiel dans la construction d'un avenir commun.

13.4. L'espoir naissant

Les premiers signes de changement étaient subtils, mais significatifs. Les écoles, autrefois lieux de division et de propagande, devenaient des lieux d'échanges culturels. Des étudiants congolais et rwandais se retrouvaient pour des projets de développement communs. Les agriculteurs des deux pays collaboraient sur des initiatives agricoles transfrontalières pour revitaliser des terres autrefois abandonnées.

Kaleba et Nshuti, bien que conscients que les cicatrices du passé ne disparaîtraient pas du jour au lendemain, comprenaient que ces petites actions étaient des pierres fondamentales sur lesquelles ils pouvaient construire l'avenir.

Les populations commençaient à voir un futur au-delà des frontières et des conflits. Il n'y avait plus de simples discours de réconciliation. Il y avait des gestes concrets : des projets d'infrastructure partagés, des initiatives communes pour la protection de l'environnement, des échanges économiques et culturels.

13.5. Le chemin reste long

Cependant, Kaleba et Nshuti savaient que le chemin resterait long. Ils ne pouvaient pas effacer les années de souffrance ni la profondeur des divisions. Mais les premières lueurs d'espoir étaient là, dans la manière dont les communautés commençaient à se parler à nouveau, à comprendre que la véritable puissance résidait dans leur capacité à se relever ensemble.

« Ce que nous faisons ici, » disait Kaleba à Nshuti, « ce sont les premières étapes d'un long voyage. Mais ce voyage vaut la peine d'être entrepris. Nous avons semé les graines de la paix, et c'est à nous de nourrir ce jardin. »

Et ainsi, bien que la route vers un avenir meilleur ne soit pas encore pavée, Kaleba et Nshuti savaient que le plus grand pas avait été fait : le dialogue avait commencé. Le rêve de réconciliation, même fragile, prenait forme, et avec chaque rencontre, chaque action, chaque petit progrès, la promesse d'un avenir meilleur devenait un peu plus réelle.

13.6. Conclusion

Dans ce chapitre, « La promesse d'un avenir meilleur », Kaleba et Nshuti incarnent l'espoir et la possibilité de réconciliation entre les peuples divisés. À travers leur collaboration, ils commencent à reconstruire les ponts de la confiance, semant les graines d'un futur où la violence, la haine et la méfiance peuvent être remplacées par le dialogue, la coopération et la solidarité. Les premières lueurs d'espoir sont timides mais significatives, et bien que le chemin reste semé d'embûches, ce chapitre marque le début d'une nouvelle ère.

CHAPITRE 14 : LES PEUPLES SE LEVENT

L'aube se levait lentement sur le continent africain, mais ce matin-là, quelque chose d'exceptionnel se préparait. Le vent portait avec lui une vague d'espoir, un souffle nouveau qui balayait les frontières, les divisions, et les vieux préjugés qui avaient séparé les peuples. Après des années de conflits, de haine et de division, un changement silencieux, mais déterminant, se produisait : les peuples se levaient. Inspirés par les efforts de Kaleba et Nshuti, des milliers de citoyens des deux nations commençaient à revendiquer un avenir différent. Un avenir où la solidarité populaire surpassait les intérêts politiques, où l'unité devenait plus forte que les fractures du passé.

14.1. L'étincelle de la révolte populaire

Ce qui avait commencé par de petites actions de réconciliation, des forums entre jeunes, des initiatives culturelles et des échanges économiques transfrontaliers, se transforma peu à peu en un mouvement populaire massif. Ce n'était plus seulement une question de leaders politiques ou de diplomates. Le peuple, des deux côtés de la frontière, avait pris les choses en main.

Les manifestations, bien que pacifiques, se multipliaient dans les grandes villes et les villages isolés. Sur les pancartes, on pouvait lire des slogans comme : « Unité pour la paix », « Le Congo et le Rwanda ensemble », ou encore « La solidarité est plus forte que la haine ». Les gens se retrouvaient dans les rues, les places publiques, les écoles et les champs pour exiger des changements concrets : une gestion partagée des ressources naturelles, la fin des conflits armés, et un développement équitable pour tous.

Kaleba et Nshuti, qui avaient été les catalyseurs de ce mouvement, ne pouvaient que regarder, émerveillés et profondément touchés, en voyant la puissance du peuple se manifester. Ils savaient que ce n'était plus une simple question de réconciliation entre eux deux. Il s'agissait désormais de l'ensemble des peuples qui se levaient pour leur droit à la paix, à la dignité, et à la justice.

14.2. Le soutien des communautés locales

Les communautés rurales, souvent délaissées par les politiques et oubliées par les grandes puissances, étaient parmi les premières à se lever. Ces populations avaient été les premières victimes des conflits et de l'exploitation des ressources naturelles, mais elles étaient aussi les premières à comprendre l'importance de la solidarité.

Dans des villages reculés du Congo, où les femmes et les enfants portaient le poids des souffrances, des réunions communautaires commencèrent à se tenir. Là, les membres de la communauté discutaient des moyens de reconstruire ensemble, indépendamment des frontières politiques ou ethniques. Les agriculteurs, qui avaient vu leurs terres exploitées par des intérêts étrangers, se joignaient aux efforts de reconstruction. Les femmes, souvent reléguées à un rôle secondaire pendant les guerres, devenaient des figures de proue dans les initiatives locales de paix, d'éducation et de solidarité.

Dans le nord du Rwanda, des jeunes commençaient à organiser des activités transfrontalières, traversant les frontières pour participer à des événements conjoints. De petits projets communautaires, comme des écoles et des cliniques, étaient établis avec l'aide de collectes de fonds locales. Les citoyens des deux pays ne cherchaient plus à se battre pour des ressources ; ils cherchaient à les partager de manière équitable.

Les initiatives populaires prenaient racine dans la conviction qu'une nation forte n'était pas construite sur la division, mais sur la coopération. Les gens comprenaient que leur force résidait dans leur unité, non dans la confrontation.

14.3. Le rôle des jeunes et de la diaspora

Les jeunes, qui étaient souvent en première ligne dans les révoltes passées, avaient aujourd'hui changé de stratégie. Ils étaient devenus les porteurs d'un message différent : celui de la paix et de l'engagement civique. Utilisant les réseaux sociaux pour organiser des rassemblements pacifiques, des actions de solidarité et des campagnes d'information, ils jouaient un rôle crucial dans la mobilisation des masses.

De nombreuses voix venues de la diaspora contribuaient également à alimenter ce mouvement. Les Congolais et les Rwandais vivant à l'étranger, qui avaient été témoins des injustices de loin, se rassemblaient pour soutenir les efforts de réconciliation dans leurs pays d'origine. Par leurs contacts internationaux, ils créaient des ponts de solidarité et de soutien financier. Ils pressaient les gouvernements étrangers et les organisations internationales d'encourager les efforts de paix et de développement dans la région.

Les jeunes des deux pays, soutenus par la diaspora, menaient des campagnes sur les droits de l'homme, sur la transparence dans l'exploitation des ressources naturelles, et sur la fin des violences interethniques. Leurs revendications étaient claires : un Congo et un Rwanda unis par la solidarité, où les peuples avaient la priorité sur les intérêts politiques et économiques.

14.4. Les autorités sous pression

Au fur et à mesure que les manifestations populaires prenaient de l'ampleur, les autorités politiques, tant au Congo qu'au Rwanda, se retrouvaient sous une pression croissante. Les dirigeants politiques, qui avaient longtemps manipulé les divisions ethniques pour maintenir leur pouvoir, commençaient à voir que la dynamique avait changé. Le peuple n'était plus silencieux et passif. Le message des citoyens était clair : ils exigeaient un changement, et ils étaient prêts à agir pour l'obtenir.

Bien sûr, il y avait encore des résistances, et certains dirigeants refusaient de reconnaître la légitimité des demandes populaires, les qualifiant de subversives. Mais dans les coulisses, des discussions de plus en plus ouvertes avaient lieu entre des leaders politiques de différents bords. Certains d'entre eux comprenaient qu'il n'était plus possible de maintenir un statu quo basé sur la division et la manipulation. Les pressions internes, ainsi que les appels internationaux en faveur de la paix et de la réconciliation, les forçaient à reconsidérer leur position.

Des réformes politiques timides furent mises en place. Des accords entre les deux nations commencèrent à émerger, stipulant des engagements de coopération dans des domaines clés tels que la gestion des ressources, la sécurité régionale, et la promotion des droits humains. Toutefois, les autorités comprenaient que ces changements étaient insuffisants si la base populaire n'était pas également impliquée dans le processus. Les peuples, qui s'étaient levés, ne se satisferaient pas de promesses vides.

14.5. Un tournant historique : la solidarité au-delà des frontières
À mesure que les citoyens continuaient de s'organiser, de manifester et de revendiquer leurs droits, la solidarité dépassa les frontières politiques. Les peuples du Congo et du Rwanda commencèrent à voir leurs voisins non comme des ennemis, mais comme des alliés potentiels. Les frontières qui avaient autrefois divisé des familles, des communautés et des cultures se floutaient progressivement.

Les accords de paix et de coopération entre les deux pays commencèrent à prendre une forme plus tangible. Des projets communs furent lancés, notamment dans les secteurs de l'éducation, de la santé et de l'agriculture, visant à améliorer les conditions de vie des populations des deux côtés de la frontière. Les peuples avaient compris que leur destin était lié, et que la solidarité entre eux était la clé d'un avenir meilleur.

Les autorités politiques, même si elles étaient encore en train de s'adapter à cette nouvelle dynamique, commencèrent à entendre les voix des citoyens. Des réformes plus larges furent discutées pour établir un dialogue institutionnalisé entre les communautés, les gouvernements et les acteurs de la société civile.

14.6. La nouvelle ère : la force des peuples

Les peuples du Congo et du Rwanda, soudés par un rêve commun de paix et de prospérité, avaient tracé la voie d'un avenir radicalement différent. Là où les dirigeants politiques avaient échoué, la solidarité populaire avait triomphé. Ce chapitre marquait un tournant dans l'histoire des deux nations. Ce n'était plus un petit groupe de leaders ou de diplomates qui façonnait l'avenir, mais la volonté collective des citoyens de transformer leurs sociétés.

Kaleba et Nshuti, toujours aux premières loges, observaient avec émotion ce phénomène : la lutte pour la paix n'était plus leur combat seul. Elle était devenue celle de toute une génération, de tous les peuples du Congo et du Rwanda, qui avaient décidé, ensemble, de se lever.

14.7. Conclusion

Le Chapitre 15 : Les peuples se lèvent montre comment l'inspiration de Kaleba et Nshuti a poussé les citoyens à prendre en main leur propre avenir. Le mouvement populaire dépasse les intérêts politiques, les frontières et les divisions, créant un élan de solidarité sans précédent. C'est un chapitre qui marque le début d'une nouvelle ère, où les peuples du Congo et du Rwanda unissent leurs forces pour bâtir un futur commun, loin des conflits.

CHAPITRE 15 : PERCEVAL DEMASQUE

Les secrets les mieux gardés ont souvent une manière de se dévoiler au moment où on s'y attend le moins. Alors que la tension entre la République Démocratique du Congo (RDC) et le Rwanda semblait avoir atteint un point de non-retour, la révélation des agissements de Perceval, un homme clé dans la politique rwandaise, allait changer le cours de l'histoire. Un tournant majeur venait de se produire : les machinations de Perceval, politicien influent et stratège, avaient été exposées au grand jour. Ce chapitre marquait un moment décisif pour les relations entre les deux nations, les contraignant à mettre leurs différends de côté pour entamer des négociations difficiles.

15.1. Les premières révélations

Tout avait commencé avec une série de fuites provenant d'une enquête menée par un groupe de journalistes d'investigation et de lanceurs d'alerte à l'intérieur du gouvernement rwandais. Ces fuites, d'abord discrètes, commencèrent à faire surface dans les médias internationaux. Perceval, jusqu'alors considéré comme un homme politique respecté et influent, se retrouvait désormais au cœur d'un scandale qui risquait d'ébranler les fondements des relations entre les deux pays voisins.

Les révélations étaient fracassantes. Perceval, loin de se contenter d'une carrière politique classique, avait orchestré des manipulations complexes, nourrissant les tensions entre le Rwanda et la RDC pour servir ses propres intérêts. Ses actions avaient non seulement contribué à l'aggravation des conflits régionaux, mais avaient aussi permis à des groupes armés et des entreprises multinationals de piller les ressources naturelles congolaises, tout en se dissimulant derrière des accords diplomatiques qui semblaient de façade.

Les fuites indiquaient que Perceval avait travaillé en étroite collaboration avec des intérêts économiques, notamment des multinationales minières, afin d'exploiter illégalement les ressources de l'est du Congo tout en alimentant les violences pour masquer la situation. Ce faisant, il avait mené une politique de division, instillant une méfiance croissante entre les autorités congolaises et rwandaises, alors même qu'il s'adjugeait des bénéfices personnels colossaux dans l'ombre.

15.2. La réaction internationale et la pression croissante

L'impact des révélations ne tarda pas à se faire sentir au niveau international. Les médias du monde entier relayaient les informations, et les gouvernements étrangers commençaient à intervenir. Les Nations Unies, le Conseil de sécurité, ainsi que des organisations non gouvernementales, réclamaient une enquête internationale sur le rôle de Perceval et les implications de ses actions dans la région. Les pressions sur le gouvernement rwandais s'intensifièrent.

Pour le Rwanda, l'enjeu était double : d'une part, les dirigeants rwandais étaient confrontés à une image ternie à l'échelle internationale ; d'autre part, la situation interne devenait intenable. La société civile, déjà sensible aux tensions passées entre les deux nations, se réveillait, exigeant des réponses. La révélation des manipulations de Perceval semblait désormais la preuve irréfutable d'une ingérence malveillante dans la politique congolaise et d'un jeu dangereux avec les vies humaines.

15.3. Le déni et la déstabilisation intérieure

Dans les premiers jours suivant la diffusion des informations, les autorités rwandaises restèrent en grande partie silencieuses. Un déni généralisé semblait régner au sein du gouvernement, et Perceval, pendant un temps, démentit les accusations, qualifiant les révélations de tentatives de déstabilisation. Cependant, son pouvoir et son influence Commençaient à s'effriter, et les rumeurs concernant son rôle de manipulateur dans les coulisses de la politique internationale se faisaient plus insistantes.

Le déni ne dura pas. Des témoins clés, dont d'anciens collaborateurs de Perceval, commencèrent à témoigner devant les médias et les autorités, confirmant les accusations de manière détaillée. Des documents secrets, provenant de sources internes, furent également révélés, prouvant son implication directe dans le financement de groupes armés et dans l'exploitation des richesses minières de la RDC.

Le gouvernement rwandais se retrouvait dans une position délicate : protéger l'un de ses plus hauts dirigeants ou protéger l'image de l'État ? La situation intérieure devenait insoutenable, et une partie des élites politiques du Rwanda commençaient à se distancier publiquement de Perceval, consciente de la pression internationale qui s'intensifiait.

15.4. La RDC face à la vérité

Pour la RDC, la révélation des manipulations de Perceval fut un moment de catharsis. Pendant des années, les dirigeants congolais avaient accusé le Rwanda d'ingérence et d'exploitation illégale des ressources naturelles, mais ces accusations étaient souvent ignorées ou qualifiées de propagande. Avec la découverte des agissements de Perceval, une partie de l'opinion publique congolaise se sentit vindiquée. Les souffrances infligées par la guerre, les pillages et les violences avaient enfin une explication tangible.

Toutefois, si la RDC avait raison sur la manipulation, la situation restait complexe. Une simple réaffirmation de la vérité ne suffisait pas à effacer des années de méfiance et de mécontentement. Le gouvernement congolais, bien qu'à la fois triomphant et en colère, se rendait compte que cette révélation était une opportunité de rétablir les relations avec le

Rwanda. Mais cela nécessitait une volonté politique de regarder au-delà de la revanche et de se tourner vers l'avenir.

15.5. Le tournant diplomatique : la pression pour négocier

Face à la révélation publique des manipulations de Perceval, les dirigeants des deux pays se retrouvaient face à une réalité impitoyable : ils ne pouvaient plus se permettre de rester sur leurs positions de guerre froide. La communauté internationale, le peuple congolais, et même une partie du gouvernement rwandais exigeaient désormais une réponse : des négociations sérieuses et de véritables engagements pour la paix et la stabilité dans la région.

Les négociations, longtemps évitées, devaient maintenant être mises sur la table. Une rencontre diplomatique de haut niveau fut organisée sous l'égide de l'Union Africaine, avec la participation des Nations Unies. Le principal objectif des discussions était d'établir un cadre transparent pour la gestion des ressources naturelles, de réorganiser la coopération en matière de sécurité et de mettre en place un processus de réconciliation entre les deux nations.

Le rôle de Perceval et de ses actions malveillantes devint un point clé des discussions. Il était désormais impératif que les deux pays reconnaissent les erreurs du passé et mettent en place des mécanismes de transparence pour éviter que de telles manipulations ne se reproduisent. La RDC, tout en étant victorieuse sur le plan de la vérité, chercha à obtenir des garanties sur le contrôle des ressources naturelles et sur la gestion des groupes armés.

15.6. Les premières avancées et les défis à surmonter

Les négociations entre la RDC et le Rwanda, bien que difficiles, commencèrent à porter leurs fruits. Un accord de coopération régionale fut signé, centré sur la mise en place de mécanismes de contrôle et de suivi des ressources naturelles, ainsi que sur le renforcement de la sécurité à la frontière. La question des groupes armés, longtemps utilisée comme un levier dans le conflit, fit l'objet d'une attention particulière. Les deux pays s'engagèrent à démobiliser et désarmer les factions rebelles, sous la supervision d'une force de maintien de la paix internationale.

Cependant, des défis demeuraient. Les cicatrices laissées par les années de conflits étaient profondes, et la confiance entre les peuples congolais et rwandais était fragile. Les négociations devraient aussi aborder des questions sensibles sur les réparations et les compensations pour les victimes des conflits, ainsi que la mise en place d'un processus de justice transitionnelle.

15.6. La chute de Perceval et la nécessité d'un nouvel avenir

Perceval, désormais démasqué et discrédité, se retrouvait dans une position d'isolement. Les autorités rwandaises, bien que contraintes de l'écarter, se rendaient compte qu'il était temps d'assumer publiquement la responsabilité des actions passées. Perceval fut mis en accusation, et les appels à la justice se multipliaient.

À travers ce chapitre, la chute de Perceval ne symbolisait pas seulement la fin d'un individu, mais la fin d'une époque de manipulation politique destructrice. Le tournant vers des négociations sincères représentait un premier pas vers la construction d'une relation nouvelle, fondée sur la transparence, la réconciliation et la coopération.

15.7. Conclusion

Le Chapitre 15 : Perceval démasqué marque un tournant historique dans les relations entre la RDC et le Rwanda. La découverte des manipulations de Perceval révèle les sombres machinations qui ont alimenté le conflit dans la région, mais elle ouvre également la voie à des négociations diplomatiques cruciales. Alors que la vérité éclate, les dirigeants des deux pays sont contraints de s'asseoir à la table des négociations, avec la pression de la communauté internationale et des peuples pour construire un avenir plus pacifique et coopératif.

CHAPITRE 16 : VERS UNE NOUVELLE AMITIE

Les années de tensions, de souffrances et de conflits semblaient enfin atteindre leur point culminant. Le vent du changement soufflait sur l'Est du Congo et le Rwanda, là où les cicatrices des anciennes guerres étaient encore visibles, mais où l'espoir d'une paix durable se faisait enfin entendre. Le chapitre final du roman ne se concentre pas sur la résurgence des conflits, mais sur le renouveau possible : un avenir où Kaleba et Nshuti, à travers leur parcours de réconciliation et de solidarité, devenaient les symboles d'un futur commun, pacifié et prospère.

16.1. Le cheminement de Kaleba et Nshuti : des symboles de réconciliation

Kaleba et Nshuti, chacun ayant traversé des épreuves de part et d'autre de la frontière, se retrouvaient enfin face à face, non plus comme ennemis, mais comme partenaires dans une quête de paix. Leurs parcours respectifs avaient été marqués par des luttes, des sacrifices et des remises en question profondes.

Kaleba, après avoir été en exil et témoigné des souffrances de son peuple, et Nshuti, après avoir découvert les manipulations de son propre gouvernement, avaient compris que la véritable réconciliation passait non seulement par des accords politiques, mais par un véritable engagement des peuples. Ils savaient que les blessures du passé ne se guériraient pas en un jour, mais que leur volonté de bâtir un avenir commun était la première pierre sur laquelle il fallait fonder cette paix.

Les deux symboles de cette réconciliation, bien qu'ayant vécu des vies séparées, avaient compris qu'ils devaient faire tomber les murs qui séparaient leurs peuples, et non plus se contenter d'une paix fragile imposée de l'extérieur. Leur amitié naissante, leur volonté commune de dépasser les préjugés et les divisions, devenait le reflet des espoirs de tout un continent.

16.2. Le dialogue entre la RDC et le Rwanda : une ère nouvelle

Au lendemain de l'explosion des vérités et des compromis difficiles, les dirigeants de la RDC et du Rwanda prenaient conscience que la voie de la réconciliation nécessitait un dialogue profond et sincère. Ce dialogue, qui avait semblé presque impossible il y a quelques mois, devenait la clé d'un avenir commun.

Sous la médiation d'organisations internationales, mais aussi grâce à l'impulsion de Kaleba et Nshuti, un sommet historique fut organisé. Ce sommet, tenu sur une île au milieu du lac Tanganyika, symbolisait l'espoir d'une nouvelle ère. Les discussions, bien que tendues au départ, devinrent rapidement un modèle de diplomatie, d'écoute et de compréhension.

Les thèmes abordés lors des négociations étaient vastes et cruciaux : la gestion conjointe des ressources naturelles, la sécurité à la frontière, la reconstruction des infrastructures dans les zones touchées par les conflits, et surtout, la mise en place de programmes de réconciliation entre les peuples. Mais au-delà des accords diplomatiques, ce qui marquait ce sommet, c'était la volonté partagée des deux nations de laisser derrière elles les blessures du passé et de se tourner vers un avenir où coopération et solidarité prendraient la place de la méfiance et de la violence.

16.3. L'adhésion des peuples : un rêve devenu possible

Le changement ne se limitait pas aux élites politiques. L'implication des peuples, ceux qui avaient souffert et qui étaient les premiers à vouloir une paix véritable, était essentielle. Kaleba et Nshuti, à travers leurs actions et leurs paroles, incarnaient cette idée de réconciliation active. Ils parcouraient les deux pays, organisant des forums de discussion, rencontrant des jeunes, des femmes, des leaders communautaires et des victimes des conflits. Ils portaient le message que la paix ne se construisait pas uniquement par les accords signés dans les bureaux des négociations, mais dans la capacité des peuples à se réconcilier et à se comprendre.

Ce dialogue populaire, cette communication directe entre les citoyens des deux nations, brisait lentement les stéréotypes et les préjugés cultivés pendant des années. Il ne s'agissait plus seulement d'un discours de réconciliation entre les gouvernements, mais d'un mouvement qui émanait de la base, de la volonté collective des peuples de vivre en harmonie.

Les jeunes générations, notamment, se sentaient investies d'un rôle important. Leur futur, bien que marqué par les erreurs du passé, semblait prometteur. Des programmes d'échanges culturels, des projets économiques communs et des initiatives de solidarité transfrontalière étaient mis en place pour renforcer cette nouvelle amitié. Le rêve d'un avenir commun était en train de devenir une réalité tangible.

16.4. Les défis à venir : construire sur les fondations fragiles

Cependant, le chemin vers une véritable réconciliation était semé d'embûches. Les années de guerre et de méfiance laissaient des traces profondes. Des voix conservatrices dans les deux pays s'opposaient à ce dialogue. Il y avait ceux qui, aveuglés par la haine du passé, refusaient de pardonner ou de croire à la possibilité d'un avenir pacifique. Il y avait aussi des acteurs extérieurs, des puissances internationales qui avaient longtemps profité des tensions pour jouer un rôle de médiation et qui voyaient d'un mauvais œil une réconciliation entre les deux nations.

Les accords obtenus étaient certes importants, mais il restait encore de nombreux obstacles à franchir : la mise en œuvre concrète des engagements, la lutte contre les réseaux de corruption, et la création d'une véritable solidarité économique entre la RDC et le Rwanda. Mais Kaleba et Nshuti étaient prêts à affronter ces défis, convaincus que la réconciliation réelle nécessitait du temps, de l'engagement et une volonté constante de bâtir des ponts plutôt que des murs.

16.5. Une vision d'avenir : l'union pour la paix et la prospérité

Le chapitre se termine sur une scène où Kaleba et Nshuti, maintenant leaders emblématiques de la réconciliation, se tiennent côte à côte lors d'une cérémonie symbolique. C'est un moment de fête, mais aussi de réflexion profonde. La RDC et le Rwanda sont encore loin d'avoir tout réglés, mais les premiers signes d'une nouvelle ère sont visibles. Les gens dans les rues des capitales de Kinshasa et Kigali, et dans les villages des deux pays, commencent à se regarder différemment. L'idée d'une amitié durable, basée sur la confiance et la coopération, s'installe lentement dans les cœurs et les esprits.

Kaleba et Nshuti se tournent alors vers l'avenir avec un sourire partagé. Ils savent que le chemin sera encore semé d'obstacles, mais que la première étape a été franchie. Leurs efforts ne marquent pas la fin du conflit, mais le début d'un long processus de guérison, de compréhension et de collaboration. Ils se tiennent prêts à guider leurs peuples, non plus vers la guerre, mais vers un avenir de paix, d'unité et de prospérité partagée.

L'histoire de Kaleba et Nshuti, deux individus de deux nations ennemies, devenus les architectes d'un futur commun, résonne désormais comme un message d'espoir. La réconciliation, bien qu'un défi immense, n'est plus un rêve lointain : elle est à portée de main, construite par ceux qui ont osé regarder au-delà des cicatrices du passé et se tendre la main pour l'avenir.

16.5. Conclusion

Le Chapitre 16 : Vers une nouvelle amitié clôt le roman sur une note d'espoir et de renouveau. À travers le parcours de Kaleba et Nshuti, le lecteur voit que, même après des années de souffrances et de conflits, il est possible de reconstruire des ponts entre des peuples déchirés par l'histoire. Ce chapitre incarne la promesse que, malgré les défis, la réconciliation et l'unité sont possibles, et qu'un avenir commun, fondé sur la confiance et la solidarité, est à la portée des générations futures.

CONCLUSION GENERALE

Travers le parcours tumultueux des personnages, ce livre dévoile les profondeurs des conflits qui ont déchiré les relations entre la République Démocratique du Congo et le Rwanda, mais aussi l'espoir d'une réconciliation véritable. Les luttes économiques, politiques et sociales, marquées par la douleur des peuples, se mêlent à l'aspiration de ceux qui, comme Kaleba et Nshuti, choisissent de dépasser les divisions et d'œuvrer pour un avenir commun.

Le chemin vers la paix est semé d'embûches. Les souffrances du passé ne disparaissent pas d'un simple coup de baguette magique, et les cicatrices laissées par des années de guerre et de méfiance sont profondes. Cependant, le livre montre que, malgré les obstacles, des changements peuvent s'opérer lorsqu'il y a une volonté collective de dialogue, de compréhension et de guérison. Kaleba, Nshuti et les nombreux personnages qui les entourent incarnent ce rêve d'unité, montrant qu'il est possible de transcender la douleur, de briser les chaînes de l'avidité et de l'injustice, et de reconstruire une relation fondée sur la confiance mutuelle.

La réconciliation ne vient pas sans sacrifices ni compromis. Elle exige un courage immense, celui de regarder l'histoire en face, de reconnaître les erreurs, mais aussi d'oser tendre la main. Les efforts de Kaleba et Nshuti, malgré les défis immenses qui les attendent, témoignent d'un changement possible et d'une lueur d'espoir pour des générations futures. Ils ne sont pas simplement les héros d'un récit, mais les symboles d'un potentiel collectif inexploité – celui d'une coopération véritable et d'un avenir où les peuples d'Afrique centrale peuvent enfin tourner la page du passé.

Le livre se termine sur cette note d'espoir, soulignant que la paix véritable ne réside pas seulement dans les accords entre les gouvernements, mais dans le changement de mentalités et la construction de liens authentiques entre les individus. En mettant en lumière les voix des innocents, les failles des systèmes politiques, et les transformations nécessaires pour passer d'une époque de guerre à une ère de coopération, l'histoire rappelle que, même dans les ténèbres, il existe toujours une lumière prête à émerger.

Ainsi, la fin de ce roman n'est pas une conclusion, mais le début d'un nouveau chapitre pour les peuples congolais et rwandais, un chapitre où l'amitié et la solidarité remplaceront la méfiance, et où l'unité de l'Afrique centrale deviendra la clé d'un avenir plus juste et plus prospère pour tous.

« Vers une nouvelle amitié », comme l'histoire de Kaleba et Nshuti, se veut une promesse d'avenir : un avenir où les peuples se lèvent ensemble, main dans la main, pour écrire une histoire nouvelle, fondée sur la réconciliation et l'espoir.

BIBLIOGRAPHIE

    1. Nzongola-Ntalaja, Georges.

The Congo : From Leopold to Kabila : A People's History

    2. Prunier, Gérard.

Africa's World War : **Congo, the Rwandan Genocide, and the Making of a Continental Catastrophe**

    3. Bastien, Alexis.

Rwanda et République Démocratique du Congo : De l'amitié à la méfiance

    4. Nkunzimana, François.

Le Rwanda et la guerre du Congo : **Une analyse géopolitique**

    5. Mushakoji, Kinhaven.

La mémoire et les réconciliations **: Le cas du Rwanda et de la République Démocratique du Congo**

    6. Scherrer, Christian.

La République Démocratique du Congo : Ressources, Conflits et Pauvreté

    7. Hirondelle News Agency.

The Rwandan Genocide and Its Aftermath : How the Conflict Between Rwanda and the Congo Shaped the Region

    8. International Crisis Group (ICG).

CrisisWatch : DRC and Rwanda – From Tension to Trust

Printed by Books on Demand GmbH, Norderstedt / Germany